# 통합 생태론의 혁명

# 통합 생태론의 혁명

**지은이** | 정홍규
**발행인** | 신중현

**초판 발행** | 2017년 8월 25일

**펴 낸 곳** | 도서출판 학이사
**출판등록** | 제25100-2005-28호
　　　　　대구광역시 달서구 문화회관11안길 22-1(장동)
　　　　　전화_(053) 554-3431, 3432　팩시밀리_(053) 554-3433
　　　　　홈페이지_http://www.학이사.kr
　　　　　이메일_hes3431@naver.com

ISBN _979-11-5854-095-1　03230

＊ 이 책의 제작비 일부는 '2017년도 대구가톨릭대학교 학술연구비' 지원이
　있었습니다.

# 통합 생태론의 혁명

정홍규 지음

學而思 | 학이사

## 도토리의 꿈

대구가톨릭대학 기숙사 뒷산에는 도토리나무와 참나무가 많다. 바람이 불면 도토리가 후두둑 떨어진다. 길을 걷다가 도토리가 떨어지면 마치 보물찾기라도 하듯 걸음을 멈추고 풀숲을 뒤진다. 흔히 경상도에서 꿀밤이라고 부르는 도토리는 떡갈나무 또는 참나무의 열매를 말한다. 다람쥐를 비롯한 산토끼와 멧돼지 등이 아주 좋아하는 먹거리다. 또 도토리는 공기놀이하는 아이들에게는 친구와 다름없다. 우리가 설익은 도토리를 까서 먹어보면 약간 떫지만 먹을 만하다. 이 도토리로 맛있는 묵을 만들었고, 배고픈 시절에는 거뜬하게 사람들의 한 끼 식사가 되기도 하였다.

이렇게 도토리는 동물이나 사람 모두에게 서로 뗄 수 없는 관계가 있다. 도토리뿐만 아니다. 우주 속에 존재하는 모든 것은 서로 연결되어 있다. 산비탈의 숲에는 도토리들이 여기 저기 '무상無償의 감사함'으로 떨어져 싹이 나고 성장한다. 수많은 도토리에서 그 작고 연약한 싹이 돋아나지만, 그 중 몇 알의 도토리만 살아남아 거대한 참나무로 성장하게 된다. 나는 이 도토리와 참나무를 보면서 우리 자신들이 수많은 도토리 중 하나의 위치에 놓여 있다는 생각을 한다. 또한 숲속에서 찾아낸 도토리가 햇빛에 반짝거리는 모습을 가만히 들여다보면 '떡갈나무 기적'은 우연히 일어나는 것이 아니라는 것을 깨닫게 된다.

우리 가톨릭 인본주의는 무상성無償性으로 무수히 산속에 떨어진 도토리처럼 자라왔다. 교부들에 의해서, 선교사들의 순교에 의해서, 혹은 우리들의 덕행에 의해서 인본주의를 뿌려 왔기 때문에 인류역사에 커다란 참나무로 성장할 수 있었던 것이다. 우리를 지금 있는 곳에 있을 수 있게 하기 위해 무명의 도토리들의 기적이 있었던 것처럼, 우리를 움직이게 하는 또 하나의 기적 즉 확장하는 인본주의 또는 '현대 인간중심주의 위기'를 재극복하는 인본주의가 필요한 시대가 절박하게 요청된다. 왜냐하면 우리가 사는 이 지구가 오늘날 이토록 황폐하게 된 것은 성경과 서구 전통이 자연세계가 아니라 인간만이 선택되었다는 특수성을 지나치게 과장했기 때문이다. 자연세계를 포함한 시간과 공간을 확장하는 인본주의가

이 책의 키워드다. 무엇보다도 가톨릭 인본주의 안에서 '생태 스페이스'라고 함은 프란치스코 교종님이 지적하신 '통합 생태론'을 뜻한다. 21세기 인간이 초래한 생태 위기의 근원 앞에서 가톨릭 인본주의가 오늘날 요구에 더욱더 잘 응답하려면 바로 '생태 스페이스'로 돌아가야 한다.

내가 '제4회 이원길 가톨릭 인본주의상' 반열에 서게 되고, 나 자신의 스토리를 공유하게 된 것은 바로 그런 시대적 맥락과 깊은 관련이 있다. 이것이 이 책을 펴내게 된 첫 번째 배경이다. 확장하는 인본주의의 비전이 무엇인지 깨달음으로써 또 다른 참나무의 기적을 위한 공간과 행동양식을 만들어낼 수 있기 때문이다. 두 번째 배경은 바로 '지리학적 상상력'이다. 나에게는 늘 들어도 듣고 싶은 명곡처럼 무한리필되는 것은 '생태학적 지리학'이다. 우리는 흔히 신토불이身土不二라는 말을 사용한다, 그동안 사목현장에서 풀어낸 상상력과 창의성 그리고 프로젝트나 대안들은 나의 아이디어가 아니다. 그 아이디어는 어릴 때 자연과의 깊은 교감에서 나왔다. 이처럼 어린 시절에 경험했던 '장소의 패턴'이 정신과 육체에 가장 근본적 방식으로 각인된다. 자연과 나의 공감적 방식에서 나의 영감, 실천, 활동들이 나왔다. 점처럼 나의 활동들이 이것저것 다르게 보이지만 하나의 선으로 일관성 있게 연결되는 지점은 '통합 생태적 자아'이다.

내가 태어난 곳은 경주다. 그 당시 고향 경주에서는 가축이 한집에 살았다. 그땐 '변소'라고 불렀던 화장실은 소와 사람이 같이 하는 공간이었다. 개와 닭도 우리와 함께 살았다. 닭이 콩깍지 더미에서 알을 낳으면 달려가서 방금 낳은 따끈따끈한 달걀을 가지고 왔다. 산에 가면 산딸기, 밭에 가면 감홍시가 달려 있었다. 밤에는 오리온과 카시오페이아 별이 보이고, 겨울밤에 씽씽 불던 바람소리는 나를 무섭게 했다, 통합교육은 따로 과외를 해서 배우는 것이 아니다. 자연스럽게 몸에 익혀진다. 산에 가서 나무하고, 소를 먹이고, 아궁이에 불을 넣고, 감을 따고, 보리타작을 하고, 냇가에 가서 통발을 놓아 미꾸라지를 잡았다. 한 가지 접근법으로 해결할 수 있는 것은 하나도 없다. 나무만 보지 않고 숲을 보는 다양한 방법을 통하여 '통합적 이해'를 배운다.

CCTV가 없었던 그 시대, 마을은 따뜻하였고 열려있는 공동체였다. 모든 것이 동시적으로 제 자리에 있었고. '시간과 공간'이 우리에게 존재해 있었다. 마을에서는 동무들과 땅따먹기를 하면서 놀았다. 강아지와 개에게 친밀감을 느끼듯이 거주지와의 친밀감을 이루며 살았다. 이렇게 어렸던 시절에는 시간과 공간이 주어져 있었다. 우리의 먹거리인 밀 사리는 제철이었고, 우리가 먹는 것은 어느 곳에 자랐는지 스스로가 잘 알고 있었다. 당시 우리의 밥상에는 시간과 그 지역 공

간이 가득했다. 시간과 공간이 있는 자리는 '우주적 동시성'
이다.

2003년부터 시작한 영천 보현산 자락의 오산 자연학교는
시간과 공간이 있는 식탁, 자연식 유기농 식사를 하였다. 지
금도 그 원칙은 변함이 없다. 지금 TV에서 벌어지고 있는 먹
방은 무시간 무공간이다. 쿡방에도 시간과 공간이 사라지고
후다닥 만들어 내는 식품이 많다. 유사 이래 이렇게 무질서
한 식탁은 처음이다. 내가 가는 본당마다 유기농 소비자 생
활협동조합을 만들었던 이유가 여기 있다. 시간과 공간이 있
는 밥상이 도시나 농촌에게 생태적, 근본적으로 가장 중요하
기 때문이다.

나는 사람이 어린 시절부터 장소와의 만남을 통해 어떻게
성장하는지 정확하게 알게 되었다. 우리가 사는 환경에 따
라, 지리학적 배경에 따라 관계에 대한 우리의 감성이 성장
하거나 떨어진다는 것도 알 수 있었다. 자연의 풍경은 마음
의 풍경에 분명한 영향을 끼친다. 우리가 어디에 있으며, 우
리가 어디에서 왔으며 우리가 누구인지, 우리가 어떤 사람이
되는가 하는 것에는 거주지나 장소가 의식적이든 무의식적
이든 깊은 영향을 끼친다. 그래서 장소에 대한 모독은 마음
과 정체성을 손상시킨다. 거주지나 장소 그리고 대지를 모독
하는 것은 신성모독에 가깝다. 장소를 파괴하는 것은 상상력

과 경이로움을 억압한다. 하느님의 성사들을 파괴하는 것이다. 생태적 빈곤이나 영혼의 빈곤은 동전의 양면이다.

이처럼 우리의 마음을 거주지와 다시 연결하는 것은 시급한 교육적 과제이다. 변화는 동기부여와 교육적 과정 없이는 불가능하다. 내가 시골에 대안학교를 만들었던 가장 큰 이유가 여기에 있다. 우리가 아이들을 사랑한다면 아이들의 먹거리, 공기와 물, 흙 등에 수천 개의 화학첨가물과 유전자 조작 식품을 섞지 않을 것이다. 우리가 아이들을 사랑한다면 회사의 로고나 광고를 세뇌하기 보다는 아이들이 살고 있는 식물과 동물의 이름을 가르쳐 주는 것이 중요하다. 우리는 일주일에 평균 6시간을 쇼핑에 할애하지만 아이들과 놀아주는 시간은 겨우 40분이라고 한다. 진심으로 아이들을 사랑한다면 우리 아이들을 숲속에, 야생에, 대지에 접촉하도록 도와야 한다.

우리가 자연 생태계, 먹거리, 공공 정체성, 휴식의 공간, 살림, 생태 공동체를 혁신적인 가치로 삼는 것은 고지식하거나 유토피아적 생각이 아니다. 우리가 지속가능한 공동체를 만들고자 한다면 우리의 인본주의가 우리보다 앞서 성공을 거둔 지속가능한 지구 생명공동체에서 배워야 할 것이다. 인간이 존재한 기간보다 더 오랫동안 생태계를 유지하였던 지구의 생물권을 존중할 필요가 절실하다. 가장 근본적인 수준에서 문화적 치유와 삶의 지속성을 위해 지금까지 우리가 누렸던 우리 문화의 '지리학적 유전적 토대'로까지 거슬러 올라가야만 한다. 지구의 총생산은 감소하는데 인간의 총생산이 증가하는 것은 확실히 모순된 현상이다.

나는 2014년 60세에 비로소 박사학위를 마쳤다. 처음부터 이론적으로 힐데가르트 수녀의 영성을 연구한 것도 아니고, 1990년부터 푸른평화운동 본부를 설치하여 무슨 투사가 되어 조직적으로 생태환경운동을 일으킨 것은 더욱 아니다. 그렇지만 신학적 고찰보다는 현장에서 호출하는 대로 움직이고 행동하였다. 실재가 생각보다 더 중요하였으며 행동이 먼저였다. 행동은 우리의 자존감이며 세상이 살만한 곳임을 증명한다.

1991년 낙동강 페놀 사태 때는 무조건 낙동강으로 나갔다. 환경호르몬, 화학 첨가물 치약, 합성세제를 추방하고 폐식용유 비누를 만들었다. 1992년에는 수입 밀 문제의 심각성을 알리면서 아이들과 '우리 밀밭' 사이로 행진하였다. 비가 내렸던 1997년 7월에 경주 중수로 월성원전 앞에서 광주교구 이영선 신부와 함께 시위를 아주 강하게 하였다. 그 해 6월 26일 한반도에 진도 4.2 규모 지진이 일어나면서 당초 정부는 포항 남동쪽 해상 94km 지점을 진앙으로 지목했지만, 7

월 다시 경주시에서 남동쪽으로 9km 떨어진 지역으로 정정 발표했다. 그러자 언론은 정부가 양산단층이 활성이라는 사실을 감추려고 최초 진앙을 속였다는 의혹을 제기했다. 진앙이 월성원전으로부터 약 15km 떨어진 지점이라 의혹은 더 짙었다. 은폐했기 때문에 우리는 데모를 하였다. 진앙이 양산단층 일대고, 원전과 가깝다는 사실에 '충격'을 받았는지, 정부 반응은 얼마 전 진도 5.8 강진에 대응한 것과 한 치도 다름이 없었다. 이것이 강하게 시위를 한 이유다.

1998년 동강에서는 환경사제모임과 정의구현사제단 주최로 함께 연대의 촛불을 켰고, 같은 해 새만금에서는 3보 1배, 2002년 고산본당에서는 오병이어五餠二魚 리사이클 아름다운 가게를 열었고, 농업의 생태적 기능을 확보하는 유기농 매장도 오픈하였다. 2010년 5월 전국 사제단 주최로 명동성당에서 4대강 사업을 반대하였고, 2012년 제주도 강정에서는 연대를 하였다. 2014년 하양 지역주민들과 낙동강과 금호강변에 'NON-GMO' 식용유를 만들기 위해 유채꽃밭을 만들었다. 원산지 논쟁은 여전히 진행 중이지만 드디어 2014년 8월에 운명적으로 에밀 타케 신부님의 왕벚나무를 재발견하게 되었다. 소메이요시노가 아닌 에밀 타케 신부님이 발견한 순수한 왕벚나무를 지켜야 한다는 각오를 다져가는 역사적 사실들을 발견하게 되었다.

나는 2016년 9월 27일 한일 고리-월성-영덕-울진-삼척 탈핵 순례단을 영덕에서 맞이하였다. 2017년 성주 사드 미사는 아직 끝나지 않았다.

여전히 우리의 현실은 생태 문제를 너무 등한시하고 있으며, 불안해도 어찌할 바를 모르며, 특히 가톨릭교회 안에 생태계 파괴에 맞서는 연대의 공간이 너무나 부족하다. 문제 자체의 무관심과 부인 그리고 체념의 악순환이 반복되고 있다. 이것이 우리의 현실이다. 그러나 그동안 돌이켜보면 무엇 하나 생명의 문제가 아닌 것이 없었다. 모든 생명은 서로 연결되어 있다. 어떤 생명도 홀로 존재할 수 없다. 생명의 문제에서 나와 내 가족과 무관한 사건은 없는 것이다. 경주 지진은 이 사실을 극적으로 보여준 묵시록적 메시지이다. 이것이 세 번째 배경이다.

사람들은 흔히 "그렇게 한다고 무엇이 달라지는가?"라고 묻는다. 그러면 나는 "그렇게 할 수 있는 사회를 만들 수 있다."라고 말한다. 설사 우리가 한 달 내에 노아의 방주를 완성하려는 계획을 가지고 있다하더라도 홍수가 한 시간 내에 이곳으로 밀려온다면 방주는 아무런 도움이 되지 못할 것이다. 대변혁시대의 비상사태에는 일단 창의적이고 급진적으로 행동해야 한다. 나무를 심고, 물과 전기를 아끼며 쓰레기를 함부로 버리지 않아야 한다. 이러한 행위는 우리 자신의 존엄을 표현하는 사랑의 행위가 될 것이다.

인본주의 참나무가 승리를 거둔 것은 이 가치가 금전적인 가치로 평가할 수 없을 만큼 소중한 것이며 천부적인 가치라고 옹호해왔기 때문이다. 이제 생태 위기가 인류를 최후의 마지노선으로 밀어 붙이는 대변혁기이다. 어떤 자본주의라도 바꿀 수 없는 기초인 모든 것의 토대가 되는 이 행성지구의 공통된 토대로 연결될 수 있다면 또 하나의 기적인 확장된 인본주의를 재창안할 수 있다고 기대한다.

세대 간 정의를 지키기 위해서는 우선 한반도의 24개 원전을 서서히 폐기되도록 행동하지 않으면 안 된다. 경주 방폐장의 포화상태인 고준위 핵폐기물은 반감기가 10만 년이 걸리기에 '세대 간 정의'를 송두리째 파괴한다. 탈핵의 길은 수명 연장 하지 않고, 신규원전 하지 않고, 전기 에너지 절약하고, 재생에너지 개발로 가능하다.

광화문에서, 제주도 강정에서, 성주 사드, 울산 경주 월성 원전에서 세대 간 정의실현을 요구하는 청년들의 목소리가 울려 나왔다. 11만 5000년 만에 올해의 평균 지구의 기온이 산업화 이전 시대에 비해 1.25도 이상 올랐다. '기후 위기'는 시간 싸움이며 미래 세대의 재산권과 자유권을 침해하는 행위다. 이 위기의 해결책은 이 위기를 이용해서 자본주의 경제 시스템을 근본적으로 변혁하는 것이다.

'6도의 멸종'과 종교적인 종말론적 예언을 차치하고라도 현재 우리 세계 시스템은 여러 관점에서 보더라도 더 이상 지속될 수 없다. 엄청난 재앙이 도사리고 있고 언제 터질지 시간은 촉박하다. 우리로서는 하나 뿐인 행성 지구를 포기할 수도 없고 더 이상 물러설 수도 없다.

위기는 또 하나의 기회이다. 불가능한 일이 갑자기 가능할 것처럼 보이는 이 순간들은 대단히 드물고 소중한 기회다. 그렇다고 하여 생태위기는 혼자만의 힘으로 감당해야 하는 과제가 아니다. 한 분야에 국한된 문제는 하나도 없다. 한 가지 접근법으로 문제를 해결할 수 없다. 우리에게는 '통합적 마인드'가 절실히 필요하다.

통합이라는 의미는 우리가 좋아하는 비빔밥이나 밥상보에 비유할 수 있다. 할머니의 밥상보처럼 작은 천 조각 하나가 다른 조각들과 연결될 때, 각각의 지혜가 다른 지혜와 비벼 질 때 아름다움이 창조된다. 강물이 수많은 지류의 집단적인 힘을 끌어 모아야만 강력한 물살을 만들어 바다에 이르는 것처럼 지금까지 인간종이 생존할 수 있었던 비결은 '공감과 협동의 인본주의'가 아니었던가? 공감 즉 아파하는 연민의 마음, 협동의 인본주의 즉 세계적 연대의 영성이다. 인간 최상의 면모를 보여 주는 인본주의가 이 행성지구를 구하기 위하여 우주적 동시성으로 통합 생태적 부름에 지금 응답할 때이다.

　"통합 생태론은 사회 윤리에서 핵심적이고 통일적 원리인 공
동선의 개념과 분리될 수 없습니다. 공동선은 집단이든 구성원
개인이든 자기완성을 더욱 충만하고 더욱 용이하게 추구하도
록 하는 사회생활 조건의 총화입니다"

- 교종 프란치스코 회칙 〈찬미 받으소서〉 156항

# 차례

# 2부 _대학자 힐데가르트 성녀와 통합 생태론

# 3부 _에밀 타케 신부와 통합 생태론

# 4부 _프란치스코 교종과 통합 생태론

# 1부

## 사회적 경제와 통합 생태론

# 희망의 경제학

희망의 경제학은 가능할까? 어떤 사람들은 사회적 경제라고 말을 하면 즉시 시장경제를 부정하는 좌파가 아닌가하고 적색경보를 울리겠지만 그런 기우심은 내려놓기 바란다. 사회적 경제는 협동에서 찾은 또 다른 시민경제이다, 지금의 주류 경제사회에 등을 돌리는 것은 사회적 경제가 아니다. 경제에 있어서 성장도 필요하지만 그러나 돈으로 살수 없는 것 즉 공유경제도 더 중요하다. 사회적 경제의 물음은 다음과 같다. 돈으로 쉽게 해결할 수 있는 것을 왜 사람들과 함께 만들어가려 했을까? 무엇을 위해 저렇게 할까?

우리 선조들의 몸에 배인 '품앗이'는 돈으로 살 수가 없다. 품앗이는 동네 사람들끼리 서로서로 일을 도와주고 갚는 동네 통화이다. 뿐만 아니라 나 자신도 돈으로 계산할 수 없다. 사회적 경제는 머니자본주의에 대한 안티체제이다. 무조건 안티만 하는가? 그렇지 않다. 세상살이에는 돈으로만 돌아가는 것이 아니다. 집안에 큰일을 당하다보면 하루하루의 인연이 인간관계가 얼마나 소중한가를 느낄 수 있다. 돈에만 의존하는 서브시스템만 작동하면 우리 현실이 어떻게 될 것인가? 그렇지 않아도 승자 독식이니 불평등이니 약육강식 등 온갖 말들이 난무하고 있다.

사회적 경제는 적어도 훨씬 안심할 수 있고, 안전한, 안정된 '공동체 서브시스템'을 재구축하자는 새로운 모색이다. 물론 정부도 사회 문제의 해결을 위해서 주역의 역할을 해왔다. 특히 정부는 성장을 축으로 하는 경제 등으로 시장경제의 불안정성을 보완해 주는 장치들을 설치하였다. 그러나 정부가 사회의 모든 근본 문제를 신속하게 탄력적으로 맞춤형으로 해결책을 제시하기란 어렵다. 우리가 늘 경험하듯이 문제해결에 앞장서야 할 정치집단이 정부의 효율적인 운영을 방해하고 기득권 집단의 이익을 지키기 위해 공동체의 발전에 저해되지 않던가?

닭을 잡는데 소 잡는 칼을 쓸 수가 없듯이 새 술을 담을 새

포대가 필요하다. 그렇다하여 사회적 경제가 모든 문제를 단번에 해결하는 만병통치약은 아니다. 사회적 경제라고 해서 우리의 현대생활을 과거 농경사회처럼 자급자족의 생활로 돌아가자는 말이 아니다. 정부와 비영리조직 그리고 동네사람들의 두레작전이 필요하다. 사회적 경제는 협동의 기적을 일구어낸다. 2007년 우리 정부도 사회적 경제 육성법을 제정하였다. 육성법을 제정한 지 10년, 사회적 경제의 요체는 무엇인가? 경제와 사회적 경제는 무엇이 다른가?

일반경제는 이익을 실적으로 가늠하지만 사회적 경제는 사회에 얼마만큼 의미 있는 가치나 효과를 수었는가를 챙긴다. 물론 일반 경제도 사회에 공헌하지만 실제 구조는 그 기업에 이익이 되도록 움직인다. 사회적 경제의 알파요 오메가는 사회의 문제를 해결하고 그 영향을 첫 번째로 생각하고 사업에 몰두한다. 이깃이 다른 점이다. 다시 말해 사회적 경제는 더 높은 사회적 목표와 사회 문제 해결을 목표로 하면서 자립하기 위해 이윤을 배제하지 않고 재무와 영리도 창출하는 조직이다. 재무와 영리를 인간과 사회의 목적으로 달성하는 수단으로 삼는다. 사회적 경영은 금전적 이윤을 최대한 뽑아내는 것이 아니라 사회적 이익의 극대화에 있다는 점이다. 사업을 시작하는 동기가 '이윤'이 아니라 '문제'에 대한 공감이나 연민을 통한 그 지점에서 새로운 무엇인가를 창조한 사회적 경제 혁신가들이 적지 않다.

교종 베네딕토 16세의 회칙 '진리 안에 사랑'에서도 무상의 감사함, 형제성 그리고 상호성 등의 가치들이 현대 시장 경제에 반드시 적용해야 한다는 입장이다. '무상의 감사함'이 사회적 경제를 제대로 이해하는 키 이노베이션이다.

# 사회적 경제의 성공은 인성과 영성의 융합

뭐라도 해야 했다. 우리 대학도 가난하고 돈 나올 곳도 없었다. 오직 지역과 사회에 공헌해야 한다는 마음만 앞섰다. 그래서 도전한 것이 '2016 사회적 기업 리더과정'이었다. 보고서를 벼락같이 준비하여 머릿속에 집어넣고 대면심사를 하게 되었다. 보고서는 '커뮤니티와 경제'에서 준비해 주었다. 밤을 새워 작업한 리포트를 약속한 날짜와 시간에 제출하고, 서울역에서 이정옥 교수님과 김재경 소장님의 코칭에 따라 발표하는 연습도 했다. 그렇게 짧은 시간에 암기를 하고 최종 심사에 나갔다. 경제학이나 경영학을 전공한 젊은 심사위원들이 전혀 분야가 다른 가톨릭 신부의 등장을 다소 의아하게 생각할 수도 있었을 것이다. 하지만 오히려 인문종교계에서도 사회적 경제를 해야 한다는 혁신적인 발상을 할 수도 있어야 한다. 종교의 사회적 실천이나 수행도 더 근본적인 맥락에서는 사회적 경제다. 지금은 한국에서 1% 정도를 사회적 경제가 차지하고 있지만 성당이나 교회와 절의 숫자를 보라. 교회나 사찰에서 사회적 기업을 만든다면 어떻게 될까? 그 파급 효과는 상상 이상이 될 것이다.

일반적으로 사회적 경제 부분은 경영학이나 경제학을 전공하는 교수들이 사회적 기업 리더과정에 등장하지 않는가? 그런데 내가 배운 것은 신학과 철학 등 인문학뿐이다. 하지만 20년 전부터 도농 간 직거래 운동, 소비자생활협동조합 만들기, 생태환경운동, 자연학교와 대안학교를 설립하여 학교 안팎의 청소년들을 위한 공동체회복운동 등 현장에서 투신했다. 또 성당의 담장을 허물어 종파를 넘어 지역사회와 통합적인 소통을 해야 한다는 관계 속 행복을 찾았고, 소셜의 관점에서 지역살림 재구성을 위해 대구·경북 지역사회 안에서 노력해 왔던 것이다.

나는 본래부터 포교적 종교 활동을 지향하지 않았다. 그리고 낙수효과에 기초한 사회복지를 하기 위해 후생복지와 같은 시혜적인 선교 활동도 주로 하지 않았다. '지역'에서 함께 뭐라도 재미있게 풀어나가야 한다는 것이 종교에 대한 나의 태도였다. 종교는 천국에다가 성당이나 절의 플랫폼을 짓는 것이 아니다. 오늘날의 종교는 지역이나 현장에서 경세제민해야 한다. 그런데 요즈음 교회마다 유행처럼 카페를 만들고 있다. 이러면 안 된다. 동네카페가 다 죽는다. 차라리 교회마다 사회적 기업이나 생협 매장을 하면 얼마나 좋을까?

뜻 있는 청년들과 함께 하는 사회적 기업과 협동조합, 마을기업의 권역별 통합지원기관의 법인 '커뮤니티와 경제' 이사장직을 2011년부터 상징적으로 맡고 있다. 지금까지 사회적 경제 깃발을 들고 협동조합 행진곡의 확성기를 틀고 있다. 2014년에는 내가 설립한 대안학교 '신자연학교'를 뒤로 하고, 뜻밖에도 대구가톨릭대학 인성교육원의 부교수로 오게 되었다. 솔직히 말하면 거의 10년 동안 영천 화북 폐교인 오산초등학교에 전 재산과 온 몸을 던져 산자연학교을 세웠지만 2014년에 그 학교에 대한 애착과 추억을 비우고 경산하양에 버려지고 방치된 스트로마톨라이트를 살리기 위해 이 대학에 오게 된 셈이다.

난 나의 길을 내가 찾아서 갔었다. 누가 시켜서 한 것도 아니다. 스트로마톨라이트, 대학의 어느 누구도 관심두지 않았다. 2004년 대구가톨릭대학 사범대학 뒤편의 구릉지를 토취장 용도로 흙을 채취하는 과정에서 처음 발견되었다. 그동안 임시로 보호지역으로 설정하였으나 중요성에 대한 인지부족으로 보호시설 없이 오랜 세월동안 방치된 결과 비바람에 의한 풍화가 지금도 심각하게 진행되고 있다. 대가대 곳곳에는 학교를 건설할 당시 발굴되었던 스트로마톨라이트가 다른 돌과 함께 정원석으로 사용되고 있으며 일부는 전시를 목적으로 야외에 굴러다니는 것을 흔하게 발견할 수 있다. 다행히도 2009년 겨우 천연기념물 제 512호 지정되었다. 스트로마톨라이트의 가치는 인문학적 가치, 지리적 가치, 생태적 가치, 교육적 가치, 경제적 가치, 화석 관광적 가치, 우주적 가치, 지역 사회적 가치 등 무궁무진하다. 나는 '자연사 박물관'을 경산시로부터 협조를 받아 만들고 싶었다. 대가대 스트로마톨라이트를 비롯해 일대에 산재하는 다양한 중생대 백악기 지질과 진촌못 공룡발자국, 조산천의 지형경관자원을 발굴, 중생대 자연사 박물관을 설립해 교육 - 문화 - 관광 - 지역과 대학을 융합하는 역할을 수행하게 해야 한다. 환성사 거북바위 전설, 불굴사와 갓바위 등 경산권에 산재한 다양한 문화적 관광자원과 12 개 대학의 특성화 아이템을 연계한 체험관광 프로그램을 개발해야 한다. 얼마나 많은 청년일자리들이 창조될 것이 아닌가? 구체적으로는 저수지가 많은 경산지역의 특성을 살려 중생대 호수의 날 축제, 중생대 호수길 트레킹 코스 개발, 중생대 호수길 자전거 대회, 스트로마톨라이트 올레길과 우주 걷기와 우주 이야기 스테이션 개발 등 하고자 하면 무엇이든지 창조될 수 있다.

인재는 네리고 와서 부려먹는 것이 아니라 인재를 모시고 와서 따르는 것이다. 난 내 힘으로 영천에 스스로 대안학교도 만들고 자인에 소나무 직업 고등학교도 설립하고 대구에 특수 대학원도 설립하였다. 비정년 계약직으로 일하면서 '사회적 기업과 공동체성' 과목을 가르치게 되었다. 학생들을 가르치기보다는 비전을 제시하였다고 보는 것이 좋을 것이다. 하양 재래시장을 가보게 했고 스트로마톨라이트를 견찰하게 했고, 현장 강사를 초대하는 등 해 보지 않은 것이 없다. 경상북도의 지원을 받아 청년캠프도 필수로 하였다. 강의실 중심보다는 현장 중심으로 교과과정을 운영하였다. 동아리별로 사회적 경제를 체험하게 하여 발표도

시키고, 사회적 기업 창업도 해보게 했다. 그리고 이제는 기본법에 따라 뜻이 맞는 5명이면 누구나 협동조합을 만들 수 있다. 그래서 강의 시간에 5명씩 한 조가 되어 대학 캠퍼스 안에 자기들만의 협동조합을 만들어 볼 수 있도록 기회를 제공하기도 하였다. 그 결과 대가대는 기숙사를 중심으로 택배 협동조합이 만들어졌다. 청년에게 미래가 없다면 그 나라는 끝장이다. 한마디로 세대 간 정의 없이 세대 간 연대 없이는 지속 가능한 발전을 기대할 수 없다.

이러한 맥락에서 2015년에 대구시와 대구가톨릭대학 그리고 나와 함께 사회적 경제대학원 설립을 하게 되었다. 그 해 8월에 대구시와 대구가톨릭대가 사회적 경제 대학원 MBA 과정을 협약에 의해 체결하였다. 이 대학원을 만들기 위해 그야말로 나는 지도 밖의 길을 간 것이다. 전혀 나침판이 없이, 교수나 교과과정의 지원도 없이 맨땅에서 또 하나의 대안대학원의 문을 연 것이다. 벌써 2년 차 학생들이 이 대학원의 역사를 새롭게 만들고 있다. 우리 대학원생들은 현장중심의 창의적 발상을 하는 인재들이다. 좋은 강의를 많이 듣는 것도 필요하지만 사회적 관계를 몸에 배이게 하는 데는 하루아침에 이루어지지 않는다. '사회적 관계는 덕德에 연결되어 있음'을 우리 학생들이 깊이 공감해 주면 좋겠다. 우리 원생들이 사회적 문제의식은 누구보다도 예리한데 숫자(통계)와 법에 약한 느낌이 있다. 다행히 새 정부의 아젠다들 중에 하나가 사회적 경제이니까 예감이 아주 좋다. 사회적 경제의 성공여부는 경영학이나 경제학보다는 '영성과 인성의 융합'이라고 생각한다.

사실 대구·경북지역에서 사회적 경제에 대한 인식이 조금씩 개선되고 있지만 일반시민들까지의 저변확대가 필요하다. 특히 선거 때마다 느끼지만 대구는 사회적 인식이 바닥을 치고 있다. 처음 이 대학원을 개설할 때 대구시의 어떤 행정 부시장이 나에게 '운동권에게 밥 먹여 주는 것이 아니냐?'고 묻는 것을 보고 엄청 놀랐다. 불법 다단계가 판을 치는 요즘, 사회적 경제는 사회주의 경제가 아니다. 사회적 경제는 좌우의 경계를 넘는다. 마치 종교의 신앙 활동처럼 사회적 경제는 진엄이 되는 깃이다. 사회적 경세의 사회적이라는 말은 가슴이 따뜻하다는 것과 통한다. 대구의 경우 협동조합 수가 현재 500개 이상이나 된다. 전국에는 2012년 협동조합기본법이 통과된 이래에 11,000개 정도나 만들어졌지만 제대로 작동되는 것이 얼마나 될까? 이렇게 삽시간에 협동조합이 생기고 망하는 나라는 세상 어디에도 없을 것이다. 하지만 부정적이지는 않다. 택시의 무덤이라고 부르는 대구 택시업계에 택시협동조합이 생겼지 않았는가? 대단한 사건이다. 무조건 정부 지원금에 기대기보다는 당사자가 주체가 되어서 문제들을 해결하려는 의지가 다져지고 있다. 사회적 경제에 대한 시민 인식도 개선되고 있고 2008년 금융위기 이후에 사회적 경제는 급부상하고 있다. '연대의 경제'가 없으면 과연 장기불황의 늪을 버틸 힘이 서민들에게 있을까?

애써 공을 들여 창조한 마을기업, 사회적 기업, 협동조합 등이 소리 없이 현장에서 무너지는 것을 많이 보았다. 어떤 이들은 시장경제에 무임승차한 경우도 있고, 보조금 때문에 덜컥 집어든 경우도 있고, 이상이 너무 높아 경영마인드가 부족하여 실패한 경우도 있고, 반대의 경우도 많았다. 최근에 솟아오르는 사회적 경제가 지난날 벤처사업처럼 유행으로 끝나지 않고 지속가능한 사회적 경제가 되기 위해서는 교육과 인재양성이 무엇보다도 중요하다. 교육은 동기부여의 핵심이고, 일은 역시 사람이 하는 것이다. 사회적 경제를 하기 위한 분위기와 생태계는 좋지 않는가? 문제는 지역인데 지역이 좌우로 갈라져 있다.

촛불세대와 태극기세대가 크로스제네레이션(crossgeneration)

으로 서로 융합해야 한다. 사회적 경제는 비자가 없다. 사회적 경제는 위에서 내려오는 행정복지학이 아니라 밑에서 올라오는 지역살림이다.

대구는 매머드급 백화점이 많다. 하지만 머지않아 허물어질 것이다. 최근에 대구 동대구역에도 생겼고 동구에도 큰 쇼핑몰이 생긴다고 한다. 그렇지만 공룡 마켓들끼리 등 터지고 싸울 동안에 새우들은 연대와 호혜의 경제로써 더 이상 가난해지지 않을 것이다.

# 사회적 경제, 교육이 핵심 포인트이다

우리가 무상無償의 감사를 느끼듯 사회적 경제는 참으로 단순하다. 지난 5년 동안 현장에 다니면서 대구·경북 사회적 경제의 어제와 오늘을 직접 체험했다. 그 결과로 다음과 같은 제안 및 전망을 해 본다. 우선 사회적 경제는 탁상공론, 공허한 미사여구, 현실과 동떨어진 목표가 아니다. 사회적 경제는 '실재가 생각보다 더 중요함'이다. 현장에 가 보면 저절로 생활 속에 작은 움직임을 깨닫게 된다. 사회적 경제를 알고 싶으면 삶의 현장에 가라고 권하고 싶다.

사회적 기업 육성법 제 19조에 따르면 실상은 일자리 창출에 집중되어 있다. 정부의 지원이 중단되면 사회적 기업은 지속가능하지 않다. 현재 2007년에 제정된 사회적 기업 육성법에 대한 검토가 요구된다. 지원심사위주의 인증기준 제시, 심사와 평가의 비공개의 일반화, 사업성과에 대한 검토기회가 차단되어 있다. 사회적 기업이라는 인증마크나 보조금 없이 스스로 자립하는 사회적 기업이 진짜배기이다. 육성법이 제정된 지가 10년이 되었으면 바뀔 때도 되었다. 제도에 기대어 발전한 사회적 경제는 그 출발점에서(머니자본주의) 보조금 타서 만드는 것이 우선이 아니라 독자적인 고민과 성찰이 부족했다. 의욕은 강한데 재무 설계와 같은 구체적인 마무리에 약한 것이다. 사회적 경제를 실용적인 조직과 경영역할로만 이해하고 철학과 비전이 잘 융합되지 않고 있다. 신뢰의 위기와 경영의 위기, 이념의 위기, 뜻과 방향이 분명하지 않다. 사회적 기업은 명퇴준비나 노후 대비용 상품이 아니다. 만성불경기시대에 사회적 기업은 대안적인 경제 플랫폼이지만 새로운 사회, 경제질서, 삶의 대안으로서 21세기 사회적 경제에서 사회적 해법을 찾아야 한다.

이명박 정부와 박근혜 정부 9년 동안 우리 경제는 뼈만

앙상하게 남았다. 살아남기 위해 어떻게 해야 할 것인가? 그러나 사회적 경제는 정부 부처 간, 지자체 간, 부서 간에 중복조직, 이론과 담론은 무성하고, 파편화된 조직들의 성과보고를 하지만 공통된 인식의 토대가 형성되어 있지 못하다. 대구시 사회적 경제과를 예를 들면 이러하다. 정부와 시장 사이에서 시민이 주체되는 역할(시민자치의 선택적 역량)이 아니라 자리매김이 어정쩡하게 보인다. 보조금의 문제, 양적인 과잉사업과 의식의 결핍이라는 불균형이 현저하다. 공무원 내부에서도 왜 사회적 경제인가에 대한 통합된 전망이 없다. 괴테는 "이해하지 못하는 것은 소유할 수 없다"고 했다. 우리가 지금 사회적 경제를 제대로 이해하기는 하는가?

창조대구! 어떤 사회를 만들 것인가에 대한 종합적이고 거시적인 사고가 부족하여 사회적 경제를 단순히 일자리창출이나 서비스 제공 등의 기능적인 접근으로 사업에 치중했다. 대구시의 사회적 경제과는 다른 부서에 비해 힘이 없고, 한적한 과로 보인다. '사회적' 이란 의미를 사회적 목적 = 일자리, 복지의 도식화로 이해하는 측면이 너무 많다. 경북도에서는 2016년에 사회적 경제과로 신설되었고 같은 도내 지자체 간 같은 이름의 부서로 연결되면 업무의 일관성과 집단지성으로 힘을 받을 수 있을 것이다.

  지자체와 교육청의 연결이 시급하다. 초중고교육에서는 사회적 가치보다는 경쟁과 상대평가를 우선으로 하고 있다. 대구, 경북의 교육청의 혁신 없이는 사회의 변화가 오지 않는다. AI시대라고 하면서 사회적 경제 교육은 거의 석기시대를 살아가는 대구, 경북 교육청이다. 경상북도 문경여고에서 학부모-교사-학생들이 매점 협동조합을 만들었지만 경북 교육청에서는 중요하게 생각하지 않은 것 같다. 대구방송통신고등학교에서 대송 사회적 협동조합을 만들었고, 원주고와 경남 마산 공립형 대안학교인 태봉고등학교에서도 학교 협동조합을 만들었다. 협동조합은 학생들이 협동의 가치를 실제로 배움의 터전에서 몸으로 체득한다는 것이다. 강원도 교육청은 사회적 경제 및 학교협동조합 이해교육 운영학교 지원, 학교협동조합 설립과 운영 지원, 사회적 경제와 진로체험, 특성화고 학과 및 지역 특색을 접목시킨 학교협동조합 설립 추진을 지원하고 있다. 청소년 사회적 경제 교육 활성화를 통하여 사회의식과 문제 해결 능력을 함양시킬 뿐 아니라 학교협동조합 활동을 통하여 체험과 현장 중심의 교육, 학교 내 교육공동체 문화 형성 및 지역사회 이해를 바탕으로 한 마을교육공동체 활동의 기반을 마련하는 것이다.

# 대학이 창조해야 할 경제 플랫폼

사회적 경제는 지자체의 제도에 의존하고 그러면서도 시장경제(경쟁력) 사이에서 오락가락하는 딜레마에 빠지고 있다. 지금의 사회적 경제는 또 하나의 일자리를 만들어내는 신자유주의나 시장경제를 보완하는 정도에 불과하다. 자신의 정체성을 찾지 못하고 결국 제도에 기대다가 시장 경쟁력에 포섭되어, 마치 인공호흡기를 떼버리면 죽는 환자와 같은 상태이다. 여기저기서 리더 과정, 아카데미 과정, 코디네이터 과정 등 강좌는 쏟아지지만 사회적 기업육성사업 등이 서로 연대체가 되지 못하고 있다. 시작할 때는 열심히 한다. 그러나 뜻은 높은데 전문경영은 안 되고 낙수효과만 기대한다. 또 사회적 기업가들 스스로가 자신들이 만든 사회적 기업의 제품을 구매하지 않고 '사회적 가치'를 실천하지 않는다는 것이다. 무조건 사회적 기업이나 협동조합을 만드는 것이 중요한 것이 아니다. 지역문제를 고민하기보다는 인증받기 위해 서류를 만들어 내고 사람을 엮어서 다목적 협동조합을 만드는 것만이 능사가 아니다. 대구는 첫 단추가 잘못 끼워져 어중간한 상태에 놓여 있다. 사회적 경제는 논공행상이 아니다. 정부중심도 아니고 시장중심(경쟁)도 아닌 사람과 지역, 시민사회중심의 공동체를 행해야 한다. 지금 우리는 요람에서 무덤에 이르기까지 경쟁체제인데 공공성 즉 사회적인 것이 몸에 배이지 않고 있다. 경산시에는 대학이 12개 이상이나 된다. 그리고 청년 창업이니 산학연 일자리 창출 등 구호는 난무하지만 서로 따로 놀고 있을 뿐이다. 사회적 경제의 허브나 센터의 인큐베이팅이 없다. 경산에 거주하는 대학들의 복합 문화놀이터가 필요하다. 대학들이 움직이면 사회적 경제가 살아날 수 있다고 본다. 대학이 개방형 혹은 플랫폼 '협동조합 지역'을 건설하면 어떨까?

사회적 인식기반이 취약한 상태에서 지자체 주도로 사업

을 급속히 진행함에 따른 부작용으로는 성과를 챙기기 위한 정부시책 대행기관의 성격을 지닌 것으로 보이기 십상이다. 나비효과를 내기 위해서라도 사회적 경제조직에 대한 시민들의 인식확산이 필요하다. 이미지 제고 및 제품 판매 촉진, 판로개척지원으로 사회적 기업의 자생력 강화 및 지속적인 일자리 창출을 목적으로 한 지원이 필요하다. 이를 위해서는 사회적 경제조직 전시관 배치 및 다채로운 재원 기회 제공과 사회적 관련 토론회 등을 보다 적극적으로 개최해야 한다. 이를 통하여 사회적 경제에 대한 사회적 역할 및 제품과 서비스 등에 대한 이해증진을 기대할 수 있다. 더불어 사회적 경제 조직 간, 지역사회와의 네트워크도 강화시킬 수 있다. 시민들이 사회적 기업의 제품을 살 수 있는 곳이 없다. 더 통합적인 대구 사회적 경제 구매 활성화의 필요성을 강조하고 싶다.

2011년 산자연학교 운동장에서 법인 '커뮤니티와 경제'를 기획하였다. 법인 이름을 '커뮤니티와 경제'로 직접 명명한 것은 대안학교를 하면서 두 가지를 깨달았기 때문이다. 말하자면 교육이 제대로 되려면 공동체 즉 커뮤니티가 있어야 된다는 것이다. 학교에서 아이들만 교육시킬 것이 아니라 학부모와 교사, 학교가 존재하는 그 지역 마을 주민들 모두 함께 '교육공동체'로 거듭나야 한다. 그래야 다시 폐교되지 않고, 사회적으로 지속가능하고 경제적으로도 일관성이 있기 때문이다. 촘촘한 사회 안정망 즉 공동체가 유지되어야 어른들도 건강하고 아이들도 행복할 수 있다. 이것이 마을 공동체이다. 아이들이 마을에서 사고를 쳐도 받아들일 수 있는 마을 공동체의 '품'이 넉넉할 때 아이들이 빠르게 회복력을 가지게 됨을 직접 보았다. 아이들이 살기 좋은 곳이면 어른들도 살기가 좋다. 이렇게 변화가 가속화되고 마치 쓰나미처럼 4차 혁명이 몰아치는데 혼자 고립되면 살 수가 없다. 가족의 연대도 이 태풍 앞에 너무 미약하다. 빅 텐트가 필요한데 그것이 협동이다. 청년과 노인의 빈곤 증가 등 미래도 노후도 불투명한 우리나라의 가장 근본적인 문제는 '공동체의 와해'이다. 도시 공동체의 재생이야말로 우리 시대의 혁신적 과제이며 통합적 스토리이다. 또한 가지는 대학의 문제이다. 대학이 죽으면 이 사회는 자멸의 길로 갈 수밖에 없다 현재 청정해야할 우리의 대학들이 앞 다투어 프라임사업의 돈 미끼에 걸려들고 있지 않았던가? 돈 중심으로 돌아가려는 대학들은 돈 낚시에 걸려 들었기 때문에 서서히 자생력을 잃어가면서 '자멸의 길'로 가고 있다고 볼 수밖에 없다. 어디 대학뿐인가? 지금 대학은 각종 프로젝트로 따내는 사업비 때문에 '풍요의 빈곤'이 아니라 '과잉의 빈곤'이다. 상아탑 정신이 비정상이다.

내가 대안학교를 설립한 경험에서 보면 많은 대안학교가 문을 닫은 이유 중 하나가 경제적으로 자립을 하지 않고 외부 조건에 의존하기 때문이다. 영천의 대안학교 산자연학교가 그나마 지속성을 가질 수 있었던 비결은 외부의 교부금이나 지원금에 의존하지 않았다는 것이다. 어떻게 하든지 이 교육 공동체가 스스로 펀드하는 출자금 방식이든 협동조합 방식이든 자립하기 위해서 몸부림을 쳤기 때문이다. 공동체 건설과 사회적 경제라는 혼합가치를 어떻게 창출할 것인가에 달려있다. 다시 말하면 경제적 가치와 교육적 가치를 동시에 창조해야만 교육공동체가 뿌리내릴 수 있게 된다는 사실이다. 이것이 결사체로서 사회적 경제이며 대학이 창조해야할 지역 자본주의이다. 즉 경제적인 가치를 기본으로 행하고, 그 토대로 사회적인 가치를 두어야 한다.

# 커뮤니티 카페와 사회적 경제

　사회적 경제 중간 지원 조직인 대구법인 '커뮤니티와 경제'에서 참으로 어렵게 분가한 경북 법인 '지역과 소셜 비즈'가 경산 테크노파크에 2016년에 아주 소박하게 자리를 잡았다. 지역과 소셜 비즈의 미션도 역시 '커뮤니티와 경제'이다. 그들을 위해 무엇을 해 주는 것이 아니라 그들이 스스로 할 수 있도록 촉진하는 역할이다. 그렇게 하여 지역마다 마을마다 커뮤니티 카페가 열리기 바란다. 커뮤니티 카페는 지역 주민이 자발적으로 운영하고 모여서 교류와 학습을 하고 다양성을 공유하고 식사까지 할 수 있는 장소를 의미한다. 노인들, 육아 세대, 청소년, 어린이, 여성, 다양한 사회적 과제에 대해 관심 있는 사람들, 뜻있는 사람들의 선의와 봉사, 그리고 이용에 의해 성립한다. 작은 공동체 즉 작은 마을이 우주를 들어 올린다. 사회적 경제는 가슴에서 출발하여 머리로 올라가는 것이다.

생태의 문제와 인간 사회의 문제는 불가분의 관계이다. 우리는 자연계와 사회 체계의 상호작용을 고려하는 포괄적 해결책을 찾아야 한다. 이는 경제학을 포함한 다양한 분야를 아우르는 인본주의, 사회제도의 건전함, 공동 정체성의 근간이 되는 인류 문화의 보호, 소속감과 편안함을 증진하는 도시 재생 계획, 미래 세대와 오늘날의 가난한 사람들에 대한 연대 의식 등을 포함한다. 자연생태뿐 아니라 경제생태, 사회생태를 알아야 하고 그 모든 생태가 엮여있지만, 한쪽 생태의 방식이 아닌 각 생태의 연결고리를 찾아내는 과정의 소중함을 강조하고 싶다. 사회적 경제가 통합 생태론을 품지 않으면 결코 성공할 수 없을뿐더러 또 하나의 자본주의가 될 것이다. 자연과의 소통이나 화해 없이 경제성장은 불가능하다는 증거를 수없이 많이 보았다. 통합 생태론 없이 자본주의를 혁신할 수가 있겠는가? 다른 말로 하면 무상의 감사 없이는 사회적 가치나 상호성을 창조할 수가 없다. 현장에서 사회적 기업가들이 감사하지 않고 당연하게 생각하는 것을 많이 보았다. 감사하지 않는 사람은 갑질을 하게 마련이다. 사회적 경제는 무상의 감사함과 깊이 통한다. 통합 생태론의 모든 것은 연결되어 있다는 것이다.

사회적 경제를 생각하는 사람은 두 개의 심장을 가져야한다. 하나는 사회적 가치와 경제적 가치를 알아야 하지만 (하이브리드 가치) 간과하지 말아야 할 가치가 하나 더 있다. 심장과 발의 가치이다. 자신이 딛고 있는 대지와 땅의 가치를 모르고서는 사상누각이 된다. 그것은 바로 생태적 가치이다. 지구의 통합성을 보전하는 것이 모든 경제의 제1 목적이 되어야 한다. 모든 가치들이 따로 존재하는 것이 아니라 서로 연결되어 있다. 경영학이 여기에 있고, 미시경제나 거시경제가 저기에 있는 것이 아니다. 인간 생태, 문화 생태, 일상 생태가 다 무관하지 않다. 생태학은 단지 하나의 과목이나 프로그램, 프로젝트, 의약품의 일부가 아니다. 통합 생태론은 사회적 경제의 모체다. 우리가 흔히 사회적 경제 파이를 키운다든가 지속가능하다든가 할 적에 생태적 웰빙이나 행성 지구의 건강 없이는 불가능하다. 공동재인 기후변화의 위기는 탄소가 아니라 자본주의이다. 우리는 보이지 않는 킬러 미세먼지나 기후 재앙을 피하기 위해 소비경제의 모든 것을 변화시켜야 한다. 여기에 사회적 경제의 맥이 있다. 통합 생태 경제라고 말할 수 있다. 나의 생각엔 우리나라의 사회적 경제의 우선 과제는 네가지이다. 23% 식량 자급률에서 식량자급의 과제와 탈핵으로부터 재생 에너지 과제(핵폐기물 포화상태), 사회적 서비스 돌봄 과제이다. 그리고 지역의 다양한 얼굴을 가진 지역 생협을 많이 창조하는 것이다. 지역문제의 해결책은 역시 그 지역에서 나오는 것이다.

종교 녹화綠化의 대안으로써 사적인 신앙의 원리에 공동선의 원리로 구체적인 행동양식을 도출한다면 다음과 같다. 종교가 사회적 경제의 불쏘시개가 되는 것이다.(진리 안에 시랑 46항) 이미 3차 세계대전은 벌어졌다. 국가 대 국가 아니라 금융자본 대 사회적 자본의 전쟁이다. 1891년 레오 13세는 '자본주의 폐해와 사회주의의 환상'이라는 말로 20세기를 정리하였고, 그로부터 백 년 후 1991년 교종 요한 바오로 2세는 '사회주의의 폐해와 자본주의의 환상'이라는 말로 21세기를 진단하였다. 사회주의와 자본주의를 넘어 또 다른 제3의 섹터가 솟아나고 있다.

# 무상의 감사함 없이는 경제정의도 없다

지금같은 장기불황의 사회에서 뭔가 할 수 있는 단체는 대기업보다 종교라고 본다. 없다 없다 해도 종교가 돈이 적지 않게 있다. 수도자는 가난할지 모르지만 수도원은 부자이다. 기업은 생리상 이윤을 추구하지만 종교는 본성상 사회적 경제를 추구한다. 불교의 공덕이 그렇고 그리스도교의 이웃사랑이 그렇다. 2016년 크리스마스 한 주 전에 대구 불광사에서 대구 사회적 기업과 함께 소셜 장터를 연 적이 있다. 절마다 성당마다 교회마다 카페를 만들 것이 아니라 사회적 경제 즉 사회적 기업이나 협동조합을 만들면 어떨까? 성당마다 하나씩 사회적 기업을 만들어서 그 지역의 경제를 활성화시키고 청년 고용 즉 일자리를 만들어내면 그것이 시민경제이며 골목경제이며 사회적 경제이다. 이 사회적 경제에 통합 생태론을 연결시키면 되지 않는가? (진리 안에 사랑 38항) "좀 더 창의적이고 바람직한 생산 방식의 발전은 여기에서 재사용, 도시재생 개조, 재활용과 같은 현명하고 유익한 방식이 나올 수 있습니다. 더 많은 일자리를 창출합니다." (192항)

자꾸 교회나 성당을 짓는 것만이 능사는 아니다. 그리고 성당마다 재생사업 즉 재활용 사업을 하면 그것이 바로 마을경제이다. 정부도 할 수 없고 기업도 할 수 없는 현장에 '소비자협동조합'을 만들 수 있는 곳이 교회 공동체이다. (진리 안에 사랑, 66항) 이를테면 소공동체와 성당의 레지오는 기본적으로 5명 이상이다. 이 단원들을 중심으로 전교하듯 협동조합을 만든다고 생각해 보라! 개인 뿐 아니라 마을 경제 나아가 나라 경제도 좋아질 것이다. 사실 성당마다 갖가지 장사를 하지 않는가? 신자들 사이에 다단계도 유행처럼 퍼진 적도 있지 않는가? 상인성당과 고산성당 그리고 경산성당에서 유기농 매장을 만들었지만 본당 신부들 간에 연대부족으로 지속되지 못하였다. 사목자들이 '종교적 자폐증'에 걸린 탓인지 그저 종교적인 영역 안에서만, 본당 안에서만 거룩하다고 여기고 성당 문지방을 넘지 못한다. 2014년 5월에 우리 교구 전체 신부님들 앞에서 아주 짧게 사회적 경제를 소개한 적이 있었다. 어떤 신부도 사회적 경제에 응답해 주지 않았다. 종교가 지역에서 허브 역할을 하면 어떨까? 동네 영화관, 동네 서점, 동네 커피 가게들도 지속적으로 발전하기 위해서 끊임없이 지역과 연결해 나가고 있다. 스타벅스에 맞서는 토종 동네 커피 가게들을 교회에서 든든한 후견자가 되어 주는 것이다.

한국 가톨릭은 90년대에 사회적 경제를 시도할 수 있었던 절호의 기회가 있었는데 놓쳐 버렸다. 한 예로 한국에 최초 신용협동조합을 만들었던 메리 가브리엘라 수녀님이 1963년에 '협동교육연구원'을 열었는데 1996년 천주교 서울 대교구가 폐쇄해버렸다. 가톨릭의 소공동체운동에 경제 플랫폼 즉 사회적 경제를 연결했다면 교회의 모습은 달라졌을 것이다. 한국 가톨릭의 사회복지가 사회적 경제와 연동하지 않으면 낙수 효과라는 기부나 애덕 형태에 의존할 수밖에 없다. 만약에 종교에서 사회복지만이 아니라 사회적 경제를 한다면 잘 먹힐 것이다. 왜냐하면 종교는 기본 생태계가 되어 있기 때문이다. 좋을 일을 하면서 돈이 되게 하는 것이 사회적 경제이다.

2009년 경산성당 마당에서 3일 동안 다문화 가족을 위해 바자회를 연 적이 있다. 지속 가능한 바자회가 사회적 기업이다. 지역의 과제를 파악하여 좋을 일도 함께 창조하고 성당의 인맥을 마케팅하여 비즈니스 하는 것이다. 사회적 경제는 어렵지 않다. 말이 낯설지 종교생활에서 늘 해 왔던 것이다. 종교와 경제를 연결시키는 것, 그것이 사회적 경제이다. 이해할 수 없는 것은 가톨릭의 포콜라레 운동이라는 순수한 신심운동은 성직자 수도자 평신도들이 아주 사적으로 열심이다. 그런데 진작 중요한 공유경제(Economy of Communion)를 쏙 빼고 하는 것이 아닌가! EOC는 자본주의 시스템 안에 나눔과 무상의 감사를 구현할 수 있는 새로운 문화를 제안한다. 문화적 접근과 연구 없이는 우리의 경제가 바뀌지 않는다. 용감한 문화적 혁명이 일어나야 할 때이다.

포콜라레 운동의 창시자는 '끼아라 루빅'에 의해 시작되었다. 끼아라 루빅은 1991년부터 브라질 상파울루 도시를 둘러싼 빈민촌, 파벨라스의 극심한 가난과 사회적 불균형을 체험하고 시작된 EOC프로젝트(economy of communion)은 혁신적이다. EOC 프로젝트는 남미뿐만 아니라 전 세계의 대륙에서 반향을 불러일으키고 있다. 힘은 약하지만 숫자가 많은 가난한 이들의 자본을 토대로, 전문 경영인이 운영하는 기업을 설립하여 일자리와 이윤을 창출하고, 그 이윤의 일부를 가난한 이를 위해 내어주자는 프로젝트이다. 이른바 콤뮤니언 경제회사가 25년이 지난 현재 860개의 기업이 EOC에 동참하고 있다. 대전에 성심당도 EOC기업이며 대전 지역사회에 긍정적인 효과를 창출하고 있다. EOC는 사회적 경제를 혁신하고 있다. 영성이 없으면 사회적 경제는 또 하나의 차가운 자본주의이다. 나는 매일 강의실에서 대학생들의 실존적 좌절을 지켜보고 있다. 학생들이 실업의 문제, 취업에 대한 불안, 비정규인 일자리에 대한 사회적 불평등을 피부로 느끼고 있다. 내 생각은 단순한 일자리 창출 경제활동이 아니라 나눔의 경제학으로 콤뮤니언, 모두가 자기 삶의 주인공이 되도록 하는 경제활동으로써 포클라레 영성이 우리 대학에 접속이 되면 어떨까하고 제안해 보았다.

사회적 경제는 거창하지 않고 단순하지만 우리 시대의 크나큰 도전이다. 우리가 신앙살이에서 늘 나누고 친교를 해온 것이다. 사회적 경제는 가슴이 따뜻하게 communion(라틴어 cum-함께, munus-직분과 소임)로 나아가야 한다. 글자 그대로 해석하면 무상성과 의무라는 특징을 지닌 상호적인 일이다. communion 없는 사회적 경제는 지속가능하지 않다. communion은 사회적 경제보다 더 근본적이다. 곧 진정한 공유와 나눔 및 친교는 경제 재화의 면에 한정되지 않으며 사람들 사이의 존엄성과 평등에 기초한 나눔과 친교로부터 비로소 진정한 communion이 되며 단지 재산의 공유는 있는 자들의 낙수효과이며 적선, 이름뿐인 독지가들의 자선사업이다. communion은 빵을 주는 자선사업이 아니다. 대부분의 복지단체들은 지속적인 기부금에 의존하기 때문에 만약에 그 낙수가 중단된다면, 그 복지 애덕 사업 역시 중단되기 때문이다. 교종 베네딕토 16세는 '무상의 감사힘' 없이는 경제정의도 없다고 강조한다 . 프란치스코 교종님은 대전 성심당을 방문하여 EOC기업으로 축복하였다.

신앙살이는 하늘만 쳐다보는 것이 아니다. 신앙살이는 그리 복잡하지 않다. 교회가 있는 동네의 중생이 제대로 먹고 살도록 인큐베이팅 역할을 하는 것이다. 종교가 장기불황의 시대에 힘을 쓰지 않으면 다들 말없이 욕한다. 성당에서 생협매장 하나 열면 청년고용이 얼마나 늘어나겠는가? 사후 천국보다는 오늘 이 땅에 구현하는 것이 통합 생태론이다. 환경 생태론, 경제 생태론, 사회 생태론, 문화 생태론 그리고 일상생활의 생태론과 신앙생활이 서로 무관하지 않고 다 연결되어 있다. 마치 이 우주가 하나로 연결되어 있듯이 통합 생태론이야 말로 한 걸음 더 나아가서 미래 세대 간 연대의식과 세대 간 정의를 요청한다. 우리가 '선물로 받은 지구'는 미래 세대에도 속한다.

"우리 후손들, 지금 자라나는 어린이들에게 어떤 세상을 물려주고 싶습니까?"

- 〈찬미 받으소서〉, 160항

# 대학의 소리 없는 경제혁명

대안학교 산자연학교를 떠나 대학에 들어온 지가 3년이나 지났지만 내 마음은 늘 무겁고 '대학의 파산'을 탄식하는 한숨이 절로 나온다. 사실이지 내가 세운 산자연 대안학교는 환경이나 조건이 대학보다는 형편없이 열악하고 좋지 않았지만 내 영혼은 자유롭고 아이들은 행복하였다. 무엇보다도 아이들에게 필요한 '인문 교육'을 선택할 수 있었고, 표준화된 형식과 평가 문제를 뒤집어서 '창의적'으로 기획할 수가 있었다. 그래서 나는 생고생을 해도 재미와 사는 의미가 있었다. 사실이지 대안학교는 바람 잘 날이 없었다. 아이들끼리 늘 티격태격 싸우지, 학부모는 학부모끼리,

교사는 지역주민들과 '불협화음의 공동체'였다. 여기에서 중요한 것은 그래도 이 학교는 끊임없이 질문하고 생각하면서 공동체를 정화시켜 나갔다. 그런데 요즈음 대학은 너도 나도 취업 앞에서 사유의 와해가 마치 무너진 집의 '폐허'처럼 조용하기만 하다.

대놓고 이야기하지만 대학과 대안학교의 비교는 그 자체가 무리이다. 그러나 분명한 것은 모든 지방대를 포함해서 서울에서 잘 나가는 대학들도 갈수록 '대학의 기업화'를 자신들의 특성화 브랜드인 것처럼 광고한다. 이제 모든 대학들이 '진리의 상아탑'이 아니라 취업을 위한 하나의 과정으로써 '자본의 상아탑'으로 몰락기를 맞이한 것이다. 대학은 아예 자본의 세계에서 하나의 기업체이고 철저한 회계 논리로 관리한다. 그러다 보니 대학은 대학 평가 순위, 예산, 연구비, 학과의 통폐합, 프로젝트, 강의 평가 점수, 정부보조를 한 푼이라도 더 받으려고 마치 전쟁터처럼 강의 시수를 따내려고 몸부림을 쳐야 살아남는다. 드디어 대학의 시간강사도 잘려나가고, 교수는 한 명의 학생이라도 자기 대학에 더 입학시키려고 모든 자존심을 내려놓고 고등학교를 기웃거려야 한다.

지역의 모든 대학들은 지금 기로에 서 있다. 대학이 새로운 교육의 르네상스가 될 것인가 아니면 이대로 가다가 서서히 종말 내지는 사망선고를 내릴 것인가에 서 있다. 다시 과거의 대학을 재건할 수는 없다고 본다. 그리고 대학을 재건축하여 초고층 건물을 지을 수도 없다.

제3의 길은 바로 이것이다. 대학이 지역에 눈을 돌리는 것이다. 마을에 눈을 돌리는 것이다. 지금까지 대학은 위에만 쳐다보고 경영하였다. 같은 지역에 거주하는 대학은 서로 경쟁만 했다. 서로의 특성이 무엇인지 모르고 협업이나 지역에서 서로 공존하려고 노력하지 않았다. 지역 주민들은 대학의 '낙수효과'만 기대하고 대학은 지역을 소비적으로 도구화할 뿐이다. 놀라운 것은 지역 주민도 대학을 잘 모르고 있고 대학의 구성원들도 거주지는 출퇴근만 할 뿐이지 잘 모르고 있다는 사실이다. 지역주민과 대학을 지역 공동체로 다시 연결시키는 것이 시급한 일이다. 거주지에 대한 신성모독은 우리의 마음과 정체성을 손상시킬 뿐 아니라 지역을 부동산 투기나 쓰레기로 오염시킨다.

대학의 본래 의미가 학생들 간의 조합이나 결사체라고 한다면 자본의 상아탑에 함몰된 대학을 구원하기 위해서 그리고 시장의 신으로부터 대학을 건져내기 위해서도 사회적 경제로 가야 한다. 이를테면 사회적 기업, 협동조합, 마을 기업, 공유경제 등으로 대학 안에서 실험적으로 시도하고 블루오션으로 개척해 보면 좋을 것이다. 대학이 자본의 종속에서 자립과 자생하기 위해서는 대학이 시민사회를 발전시키고 새로운 문화유전자로 나서야 할 때이다. 대학의 폐허는 우리가 보듯이 지금 우리 사회의 폐허이다. 대학 안에 수익창출을 위해 롯데리아나 스타벅스가 들어와서 계약할 것이 아니라 교수와 교직원 그리고 학생 심지어 지역주민까지 협동하여 '지역 커뮤니티'를 통한 지역자본주의를 창조한다면, 이것이 바로 대학의 소리 없는 경제혁명이다. 가만히 있으면 당하게 마련이다. 청춘 세대의 생각을 드러내는 조직적 연대와 함께 스스로 잘못된 세상을 고치는 일에 힘써야 한다.

빌 레딩스의 《폐허의 대학》, 요시미 순야의 《대학이란 무엇인가》, 서보명의 《대학의 몰락》 등 대학의 정체성을 다시 재구성하는 책들이 아주 최근에 나왔다. 새로운 대학의 탄생은 가능한가? '유니버시티(university)'라는 말의 원래 의미는 우주와 학문의 보편성과는 아무런 관련이 없다. 오히려 마을 공동체나 도시협동조합단체로서 유니버시티였다. 놀랍게도 12세기에 학생들의 조합이 중세 도시라는 모태에서 대학으로 발전되었다는 역사적 사실이다. 대학 유니버시티의 본래 의미가 학생들 간의 조합이나 결사체라는 단어였던 반면에 '칼리지(colleges)'는 교사들의 조합을 지칭하는 단어로서 출발하였다.

그러한 맥락에서 오늘날 대학이란 무엇인가? 오늘날 대학은 멸종 위기 종처럼 큰 위기를 맞고 있다. 대학이 제 4차 혁명을 서둘러 응급조치하는 것보다 대학 그 자체를 재정의하는 것이 참으로 시급하다. 불평등과 배제의 경제구조에서 지난 반세기 동안 우리들은 정글 자본주의로 엄청 고통을 겪었다, 잘못된 정부의 정책으로 인해서 각 대학들의 생존경쟁이 너무 치열해 망가질 대로 망가졌다. 이제라도 가종 대형사업과 자본의 프로젝트에서부터 벗어나 대학이 자율과 자생하기 위해서는 또 시민사회와 지역커뮤니티를 발전시키고 '사회적 자본'을 창조하는데 대학이 새로운 문화유전자로서 나서야 할 때이다. 과거에는 수익을 내기 위해 저노동 대량생산의 아웃소싱이 경영의 대세를 대학이 따라갔지만 이제는 인소싱으로 대학의 근본으로 돌아가야 한다.

대학이 본래는 학생 간의 조합이나 결사체였다면 취업과 자본에 함몰된 대학을 건져 내기 위해서 사회적 경제, 이를 테면 사회적 기업, 협동조합, 마을기업, 공유경제 등으로 대학 공동 안에서 창의적으로 시도해야 한다. 이렇게 사회적 경제로 양질의 일자리와 창업의 블루오션으로 개척하면 좋을 것이다.

협동조합의 경우 2012년 우리나라에서도 협동조합 기본법이 시행되면서 2017년 3월 현재 11,000개의 협동조합이 결성되었다. 협동조합의 대부로 불리는 이탈리아 볼로냐 대학의 스테파노 자마니 교수는 세계적으로 이렇게 빨리 협동조합이 성장한 경우는 보지 못했다고 놀라움을 표시하기도 했다.

대구대학교는 최근에 경상북도에서부터 사회적 경제지원센터를 받았다. 대구대학교 안에는 복합문화예술공간 Dada 협동조합과 사인하우스 협동조합이 있다. 대가대의 1호 협동조합은 다솜협동조합이다. 나는 매년 강의실에 다솜협동조합의 이사장을 초대하여 학생들에게 다솜협동조합의 사례를 발표하게 한다. 학생들이 자발적으로 기숙사 안의 택배문제를 해결하는 가운데에서 자연스럽게 협동조합을 결성하게 되었다. 늘 부닥치는 문제들을 각자도생으로 혼자 끙끙 앓을 것이 아니라 같이 해결하기 위해서 '집단지성'을 통합하는 것이 협동조합이다.

대학 당국도 수익창출을 위해서 갖가지 업체들과 외부에서 계약하는 것만이 최선은 아니다. 교수와 학생, 지역주민과 직원까지 포함하여 대학이 마을을 품고, 마을이 대학을 품으면 이것이 대학에 있어서 서로 상생할 수 있는 비결이 아닌가? 학생들이 대학소비자협동조합을 결성하여 '윤리적 소비'를 통해 학내문제들을 스스로 해결하는 법을 대학을 졸업 후에 해 보는 것이 아니라 대학현장에서 배우는 것이다.

지금 우리 사회의 가장 큰 문제는 사회적 연계망의 실종이다. 위기에 내몰릴 때 안심하고 믿고 의지할 공동체가 없다는 것이다. 수십 년간 마을을 주름잡던 구멍가게가 대기업 프랜차이즈 기업형 슈퍼마켓 등에 밀려났다. 그러나 이탈리아에서는 사회적 서비스의 50% 정도를 협동조합이 차지하고 있다.

협동조합의 큰 목표는 지역공동체를 건설하고 마을을 만드는 것이다. 우리 지역 내부의 눈을 돌려 자신들의 자원을 발견하고, 지역에 필요한 서비스를 시작하는 대가대 협동조합들이 많이 창조되길 기대한다. 주택, 저축과 신용, 보육, 의료, 식품, 문화, 예술 주간 보호 등 넓은 범위의 경제, 사회 서비스를 아우르는 대학 협동조합 결사체를 구상해야 한다. 앞으로 벌어질 '장기불황시대'에 대학이 해야 할 사회적 미션이 한두 가지가 아니다.

좋은 소식만 있는 것이 아니다. 현재 사상의 위기를 겪고 있는 적지 않은 신생 협동조합들이 제대로 작동되지 않는다 것도 사실이다. 불황의 늪, 기둥이 뿌리째 흔들리는 우리 시대, 지금과 같이 중요한 우리 시대에 새로운 경제 시스템인 사회적 경제의 성공은 '영성과 인성의 융합'이라고 본다. 스페인 바스크 지역의 '몬드라곤 협동조합'들은 이 융합을 웅변적으로 증거한다. 여기에 우리 가톨릭 대학의 역할이 참으로 중요하다. 이 미션은 참으로 우리 대가대만이 해야 할 통합적 미션이다.


전국 대부분의 대학에 적신호가 켜졌다. 아카데미의 순수성, 진리의 상아탑, 정의의 추구와 같은 말은 '취업'이라는 문제 앞에 맥을 못 춘다. 교수들도 학술진흥재단의 프로젝트를 빠른 시간에 해야 하고, 교육부 사업을 수주하여 연구비를 따 와야 살 수 있기 때문이다. 비단 그뿐이 아니다. 취업 또는 창업 비즈니스라는 명목 하에 인문학과가 갑자기

통폐합되고, 하루아침에 융합이라는 텐트 아래 학생들을 모아들이니, 교수들도 헷갈리고 학생들은 우왕좌왕 할 수밖에 없다. 이것이 오늘날 대학의 현주소이다.

특히 3년 동안 대학에 지내면서 학생들의 세 가지 경향에 주목했다. 집중력 부족과 참여 부족, 사회성 부족이 그것이다. 학생들이 디지털의 정주민이 되었기 때문에 그러하리라. 페이스북이나 카카오톡 등이 사람들을 더 가깝게 하고 더 많은 것을 공유하게 하는 듯이 보인다. 하지만, 그것에 대한 높은 의존도가 공동체 의식의 결핍을 낳았다는 것이다. 자료가 너무 많아 과부하를 일으킨다. 열린 만남에서 오는 지혜는 단순히 자료의 축적으로 얻어지는 것이 아니다. 인터넷을 통한 의사소통은 꾸며낸 감정으로 우울한 불만이나 외로움이라는 해로운 감정을 일으킨다는 사실이다.

이런 가운데 나름의 대안으로 찾은 것이 '사회적 경제'였고, 이 가운데 학생들의 결핍을 보완하기 위한 세 가지 공간 장치를 설정하는 작업을 진행해왔다. 그것은 바로 사색공간, 창조공간, 협동공간이다. 집중력 부족을 사색공간으로, 참여 부족을 창조 공간으로, 사회성 부족을 협동 공간으로 내재화하는 작업을 말한다. 이를 통해 학생들이 공간의 주체로서 새로운 시선으로 사회를 바라보고, 오늘날 시장경제에 대한 사회경제적 대안을 직접 현장에서 보고 느끼며 경험할 수 있도록 지역기반 학습을 제공하였다.

학생들은 오늘날 경제체제와 강박적인 소비생활을 무조건적으로 받아들일 것이 아니라, 성찰과 실천을 통해 그것을 비판적으로 바라볼 수 있는 힘을 길러야 한다. 이를 위해 협동할 수 있는 공간을 마련하고 학생들이 현장 중심으로 그들만의 프로젝트를 설계하도록 도와주어야 한다(보조성의 원리). 지속가능한 삶과 시급한 사회 이슈나 생태 이슈에 관심을 갖고 그 문제를 인식하며, 소외된 공동체와 협업할 수 있도록 창조적 공간을 열어 주어야 한다는 것이다.

이를 통해 학생들이 공동의 집을 사랑하고 보살피는 우주 시민으로서, 지속가능한 삶을 위한 통합적 의식 성찰을 하는 생태론을 구축하여 도래하는 4차 산업 혁명 시대의 소금이 되길 바란다.

# 소셜 엔도르핀

경주에 소재를 두고 있는 '종합상사협동조합'에서 엔도르핀이 슬슬 나오고 있다. 경상북도 사회적 기업가들이 모여 서로 협동하여 엔도르핀을 출자하고 있다. 인간은 사회적 동물이기에 뭔가 좋을 일을 하면 뿌듯한 마음이 나오는 것은 원래부터 인간의 마음 안에 의미를 느끼는 애플리케이션이 장착되어 있기 때문이다.

그러나 대구시의 소셜 생태계를 들여다보면 온갖 대기업 마켓들이 동대구역사에서부터 대구 중구에 이르기까지 반윤리적 소비와 반소셜 유통을 조성하고 있다. 어디 대구뿐인가? 함바집 밥그릇까지 탐내는 대기업들의 민낯들이다.

대기업이 얼마나 이기적인가? 사실이지 건설급식은 규모가 작아서 이 시장에 대한 대기업 진출은 생계형 사업과 사회적 통념상 어긋남에도 불구하고 해도 해도 너무한다는 생각이다. 최근에 공정거래위원회는 이마트, 홈플러스, 롯데마트 3사에 경고 조치를 내렸다. 납품사를 통해 경쟁사 정보를 빼내다가 대규모 유통업법 위반을 한 혐의이다.

사실이지 대기업의 '낙수효과'(trickle-down)는 증명된 바가 없지 않는가? 복합쇼핑몰, 대형아울렛의 진출로 주변상권이 초토화된 파주, 용인, 수원 등의 사례로 대재벌기업의 투자유치를 통한 서비스산업 발전화는 거의 제로섬에 가깝다. 경산시의 이마트가 들어오는 바람에 골목상권이 거의 죽어버렸다. 복합 쇼핑몰이 등장하면서 평균적으로 주변 소매점의 매출이 평균 46.5%나 감소한다. 지금 정부가 추진하는 '서비스산업발전기본법'은 이미 피폐해진 중소상인들로 하여금 죽은 말 또 때리기 식이다. 대기업이든 소상공이든 사회적 기업가이든 다 살자고 하는 노력들인데도 말이다. 소수의 소득이 기하급수적으로 늘어나는 동안 기회의 박탈로 좌절된 청년의 삶은 단순한 구경거리로 여겨지고 있다. 그러나 대구 사회적 기업의 지역 및 공동체와 함께하는 소셜 미션과 공공기관우선구매지원의 윤리적 소비의 확장은 거의 데드 스페이스이고, 대구시의 사회적 경제는 이제 발동을 걸었다.

한마디로 말하면 큰 정부이든 작은 정부이든 너무 오만하고 대기업은 너무 이기적이다. '문제는 경제', '문제는 정치'라는 선거용 수식어보다는 두 집단들이 너무 오만하고 이기적이라는 사실이다. 양질의 일자리도, 희망도, 현실을 벗어날 방법도 없는데 현장을 몰라도 너무 모르는 정치가들이다.

무슨 신神의 한 수가 있는가? 그 한 수는 바로 '3섹터'이다. 이 섹터는 시사체로부터 보조금을 받는 무슨 협의체가 아니다. 지자체마다 보조금을 받은 협의체가 얼마나 많은지? 보조금 노리는 도둑사냥꾼들의 응접실은 관공서이다. 3섹터 영역은 좌파이거나 사회주의자가 아니다. 영주의 슈퍼마켓들이 대형마트기 진입하자 새우들 즉 영세 슈피들이 연대하여 슈퍼마켓협동조합을 만들었다. 바로 이것이 3섹터이다. 규모의 경제가 아니라 '협동과 연대의 경제'이다. 3섹터 시민들의 연대와 협동만이 이 문제를 풀어갈 수 있다. 여기 시민들은 동남아 여행가서는 뱀가죽이나 악어가 죽을 기를 쓰고 소비하는 그런 부류가 아니다. 왜 우리 문화장터는 없는가? 왜 우리 핸드메이드 수공예품을 공유하지 않는가? 사람들이 명품을 좋아하는데 명품은 외국 브랜드가 아니고, 진짜 명품은 지역의 핸드메이드이다.

경산시에 거주하는 12개의 대학들과 대가대 사회적 경제 대학원의 인재양성을 통하여 '사회적 경제 생태계'를 가꾸기 위한 전국 최초의 지역사회 연계 모델을 개발하고 있다. 각 대학의 사회적 기업 소셜 미션을 적용하여 도시 재생, 미래를 위한 선택 FEC(food, energy, care) 우리밀 재배를 통한 식량 주권과 식량안보, 로컬 푸드, 특화 화장품, 바이오 메디칼. 의료관광, 지역 농산물 생산자 소득지원, 국내산 원재료를 활용하여 정직하고 바른 먹거리를 제공하는 학내 기숙사 안전 식당. 대학 안에 재생 에너지 발전소를 만들거나 지역 대학교의 사회 참여 및 공헌의 일환으로 지역 공통 사회적 기업 제품들을 공유하면 양질과 지속성의 일거리가 창조된다고 본다. 12개 대학이 사회적 경제를 위한 교양과목 및 인턴 쉽 프로그램 개발, 지역 대학원생의 소셜 벤처, 사회적 경제 취업 및 창업 활성화, 사회적 경제의 체계적인 발전을 주도할 지역 리더 및 인재 양성을 추진할 수 있다. 경산시 대학들이 협동조합 지역사회를 만들면 소외의 바다에서 대학 마을의 커뮤니티를 창조할 수 있지 않겠는가?

거의 재난에 가까운 청년 체감 실업률이 24%, 가계 빚 1200조 등 국내 경제 상황이 녹록하지 않지만 이 종합상사는 참신한 발상이 아니라 절실함 즉 생존을 향한 절실함이 행동하게 했다는 자체가 중요하다. 지금은 말보다도 단순한 행동이 엔도르핀을 창조한다. 대기업이 만든 제품들은 가격이나 브랜드나 디자인이 좋은 것은 사실이지만 사회적 기업의 제품들은 가격이나 브랜드보다는 '가치가 통합' 되어 있다. 가치를 착하게 소비하면 행복이 느끼지는 이유는 우리 마음에서 절로 엔도르핀이 나오기 때문이다.

꼭 한 가지 공유할 현상 사례가 있다. 바로 사회석 기업 종합상사의 부활이다. 설립되는 '사회적 기업 종합상사' 는 사회적 기업이 윤리적 생산자로서 '사회적 가치 실현' 과 '생산활동' 두 마리 토끼를 모두 잡으려고 한다는 발상으로 경북 지역의 사회적 기업들이 2016년 10월에 '경싱북도 사회적 기업 종합상사 협동조합' 설립 등기를 마쳤다. 대다수 사회적 기업들이 내부적으로 핵심적인 경영정보 취득과 경영관리에 취약하기 때문에 이를 해결하기 위해 종합상사 방식을 모방한 셈이다.

사회적 기업 종합상사는 사회적 기업의 조합원들이 십시일반으로 1억 6천만 원의 자본금을 모아 설립됐다. 경북 지역엔 190여 개의 사회적 기업이 있다. 사회적 기업이 종합상사와 직간접으로 연계해 이뤄지는 매출 수익이나 사업지원 서비스를 받는 수혜기업은 3~5%의 수수료를 내게 된다. 수수료 대신 재화와 서비스를 지역사회에 환원하는 방식도 가능하다. 지역사회와 상생하는 '자조 공동체'를 지향하기 위해 이런 수혜자 분담 원칙에 합의했다.

사회적 기업 종합상사는 시민의 힘으로 설립됐지만, 공적 지원체계도 중요하다. 경북도는 지난해 10월 경주에서 '사회적 기업 종합상사 업무협약 및 창립총회'를 열어 재정 지원을 약속했다. 경상북도 사회적 기업협의회는 사업제안과 기획운영에 동참하기로 했다. 관련 분야의 사업에 경험을 축적한 대기업의 경영지원, 지역 대학 및 유관 기관들의 협력도 모아지고 있다. 사회적 기업 종합상사를 추진하는 과정에서 발생한 사회적 기업의 연계 매출이 지난해에만 약 50억 원에 이른다. 드디어 사회적 경제는 단순히 정부의 보조금을 타는 기업이 아니라 '사회적 가치의 수요자'로 거듭나게 된 것이다.

# 유채꽃 생태혁명과 3E

2015년에는 어린 유채들이 냉해를 입어 우리들의 가슴을 타게 하였다. 하지만 2016년은 경산 하양 대조리 금호강변에 심은 유채꽃이 대박을 터트렸다. 혹시나 해서 '왕겨와 짚'을 덮어서 추위를 미리 예방하였더니 금호강을 노랗게 물들인 유채꽃은 봄의 슈퍼스타로 돌아왔다. 유채꽃 향기에 취한 꿀벌도 꿀을 따러 엄청 많이 날아왔지만 유채꽃 퍼레이드를 체험하려고 인사인해를 이루었다. 그 인기의 비결은 노란 유채꽃이 가진 밝음과 아름다움이 현대인들에게 살아갈 용기와 희망, 평화, 커뮤니티의 유대감을 주는 한 줄기의 빛과 같이 느껴졌기 때문이다.

나는 2014년에 대구가톨릭대학에 들어오자마자 유채꽃 운동을 시작하였다. 매년 신학기에는 강의실에서 학생들에게 늘 유채씨앗을 나누어 주었고, 행사 때마다 유채심기를 제안하였다. 이렇게 유채꽃 전도사 역할을 한 것은 단순히 유채꽃놀이 때문만은 아니었다. 벌써 3년째 유채꽃 심기운동을 하고 있으며, '유채꽃 서미트'도 금호공고와 하양 꿈바우 시장에서 열었다. 2017년 대부 잠수교에서 지역의 사회적 기업들과 우리 대학의 식품영양학과, 특히 경산어린이집과 사회적 경제대학원이 협업을 하여 생태와 교육 그리고 공동체의 가치를 현장 안에 구축해 보았다.

유채꽃의 노란 물결이 우리 지역에 행복과 활력을 가져왔으며 사람들이 노란빛으로 물들이는 유채꽃의 매력과 가치를 이해하기 시작하였다. 유채꽃의 비밀은 통합 생태론이다. 유채꽃은 관상용에서 식용, 관광과 지역 경제, 국토보전의 기능과 아름다운 경관, 생태체험과 지역활성화 어디에도 연결되지 않는 것이 없다.

유채꽃을 단순히 보고 즐기는 것을 넘어 국내산 NON GMO (Genetically Modified Organism, Manipulated) 유기농 유채 융복합 가든을 조성하여 식용 유채재배와 유채 120% 활용으로 청년들의 생태농업비지니스 모델을 구축하자는 것이 나의 프로젝트의 목표였다. 왜냐하면 우리나라는 GMO 천국일 뿐 아니라 무엇보다도 수입식용유가 GMO 일색이기 때문이었다. 2011년부터는 캐나다로부터 수입되는 카놀라유가 3년 연속 매출 1위를 기록하며 국민 식용유로 등극하였는데, 2015년에는 38%를 차지하며 국내에서 가장 많이 팔리는 GMO 식용유가 됐다. 참으로 안타까운 노릇이다. 이 GMO 식용유 문제를 해결할 대안이 바로 우리 토종 유채유라고 생각했다. 그렇기 때문에 성당에서 주는 성체만큼 소중하게 이 유채씨를 나누어 주었다. 사람들이 날 미쳤다고 해도 할 수 없다. 우리 아이들과 어르신들이 GMO 독약을 믹는 것을 알고 있는데 은폐하고 입 다물고 있으면 안 된다. 왜 그리스도교가 말끝마다 성경말씀을 줄줄 외는데 GMO 말씀은 하지 않는가? 만약에 신이 계신다면 천당과 지옥의 선고기준은 이 세상에 살 때 GMO를 사용했는가 하지 않았는가 하는 것이리라. 왜냐하면 GMO는 신의 창조질서를 근본적으로 파괴하기 때문이다.

또 하나의 큰 문제는 지자체에서 너도나도 경관용으로 유채를 마구 뿌려대고 있다는 것이다. 국내에서는 유채재배가 경관직불금을 보조하는 차원에서 꽃놀이용으로 국한하여 유채를 재배한다. 그래서 유채씨를 수확하지 않고 갈아

엎기 때문에 또 수입하고 씨를 뿌린다. 이것은 국가적으로 엄청난 자원 손실을 초래하고 있다는 사실이다. 유채기름 이야말로 화석연료를 대체하는 친환경 바이오디젤이다. 2009년부터 세계 각국은 경유 및 휘발유에 바이오연료를 의무적으로 혼합해 사용하는 '신재생연료 의무혼합제도' 를 도입하여 바이오연료의 수요가 증가하고 있다. 우리나라는 일본 등에서 수입을 해 사용하고 있다. 그래서 전국의 유채재배지에서 꽃만 보지 말고 씨를 수확해서 바이오 연료를 만들어 사용하다면 구태여 외국에서 수입할 필요가 없지 않는가?

유채재배를 확대하는 방안으로는 겨울철 유휴경지(논, 밭, 간척지 등)를 활용하면 된다. 그리고 부안처럼 2모작으로 최적화기술 개발과 품종개발에 박차를 가한다면 새로운 일자리를 만들어 내 지역경제도 노란빛으로 활성화될 것으로 기대한다. 무엇보다도 흐름을 반대로 돌리고 싶다. 청년들이 시골에서 도시로, 도시로 이동했지만 유채꽃이 그 흐름을 반대로 도시에서 시골로 돌릴 수 있지 않을까?

유채꽃은 사회적 기업이나 마찬가지이다. 비즈니스도 창출할 수 있고 좋은 가치를 실현할 수 있다. 냉압착 유채유의 식용을 위한 활용방안도 무궁무진하다. 소비자의 트렌드가 동물성에서 식물성으로, 푸드 마일리지에 최소화, 전통적 방법에서 다양한 식물성 오일에 대한 인식증가 등에 따른 것이다. 순수유채기름을 이용해서 디젤엔진의 발전기로 전기도 생산할 수 있다. 식물성기름 발전소를 돌려 에너지를 소비하는 것이 아니라 선택할 수도 있다. 청초는 봄채소와 국물김치, 유채비빔밥, 새싹채소, 곤포, 유채밥, 경관, 밀원, 산업연료, 향수, 가축사료, 압착냉장재 등 유채 자원순환 모델에는 적격이고 지역활성화의 모델이 유채꽃이라고 생각한다.

이렇게 유채꽃은 다면적 기능이며 소셜 가치를 창조해내는 사회적 기업(entrepreneur)이라고 할 수 있다. 유채 씨앗은 새싹채소와 새 모이, 가축사료, 기름은 NON-GMO식용유와 BDF 공업용, 깻묵은 가축사료와 유기질비료 및 건강보조식품, 경엽(청초)은 봄채소와 청예사료, 유채대는 유기질비료와 가축사료, 꽃은 관상용 및 밀원, 향수로 이용된다. 유채야말로 버릴 것이 하나도 없는 완벽한 식물이다.

최근에 들어 기후변화 및 세계화의 위협 속에서 새로운 가능성으로 등장한 유채꽃은 농촌의 재생과 우리 삶을 순환시킬 뿐만 아니라, 우리가 처한 기후변화나 공동체의 와

해를 예방할 수 있는 대안으로 부각되고 있다. 이러한 세계 유채 재배현황을 살펴보면 캐나다가 747만 헥타르에 1,416만 톤을 생산, 세계 최대 규모를 자랑하고, 중국이 734만 헥타르에 1,341만 톤, 호주가 207만 헥타르에 235만 톤을 생산하지만, 한국은 겨우 1,530헥타르에 1,739톤에 관상용으로만 그치고 있다.

관상용 유채꽃은 너무나 협소한 발상이다. 그것은 아름다운 경관을 제공하여 관광에 공헌하는 기능만으로 생각하고 있다. 얼마든지 신재생에너지원으로 가능하다. 국토보전기능으로도 가능하다. 특히 유전자조작 식용유로부터 우리 토종 NON GMO 식용유로도 개발할 수 있다. 유채꽃 재배로 삶의 의미를 주는 기능도 있고, 지역에서 생산하는 바이오매스에 착안하여 누구든지 참가할 수 있는 구체적인 자원순환의 지역모델을 창조할 수 있다. 그리고 유채꽃이야말로 3E 즉 생태(Ecology), 경제(Economy), 평등(Equality)의 가치와 지속가능한 인류 공동체를 위한 생태영성과 교육으로서 멋진 프로젝트이다.

2015년 가을에 예천, 영천, 경산, 경남 봉하, 경주, 부안 등지에 유채꽃을 40만 평을 심었다. 이 유채꽃 종자는 관상용이 아닌 식용이다. 관상용 유채꽃에는 에루신산이라는 독성이 있기 때문이다. 꽃이 얼마나 필지는 뚜껑을 열어봐야 알지만 예감이 아주 좋다. 이렇게 유채꽃을 심은 또 다른 이유가 하나 있다. 지금 우리 식탁은 GMO식품의 몰모트가 되어 심지어 기름찌꺼기(탈지콩)은 사료가 되어 소나 돼지, 닭에 들어와 우리의 몸에 들어오고 있다. 유채꽃 기름찌꺼기는 뛰어난 유기질비료로서 유기재배에 사용되고 있다. 음식의 안전과 안심이 절대적으로 중요한 요즈음 우리의 현실을 어떻게 바꾸어 나갈 것인가? 여기에 노란 유채꽃 생태혁명이 시작되고 있는 것이다. 이 혁명은 후구시마에서도 계속되고 있다는 소식이다.

후쿠시마 원전 사고로부터 벌써 6년이나 흘렀다. 후쿠시마 소식들은 나쁜 소식이 대부분이다. 아직도 12만 이재민이 떠돌고 있고, 아지도 방사능 수치도 높을 뿐 이니리 대구(884 제곱 킬로미터)의 3분의 1 넓이의 땅이 마치 유령마을처럼 버려져 진 채로 있다. 일본인들조차도 후쿠시마는 마음에 깊은 그림자로 존재할 뿐 아니라 대화에 있어서도 금기사항이다. 정부의 복구의지도 불투명하고 복구자체가 아직도 시작단계에 불과하다고 일본 생협같은 시민운동단체가 도쿄청사 앞에서 데모를 할 정도이다.

후쿠시마로부터 이렇게 나쁜 소문들도 많이 오지만 좋은 리포트들도 있다. 우리가 눈 여겨 보고 주목할 만한 소식들도 있다. 내가 받은 소식들은 방사능 제염 활동에 대한 리포트이다. 리포트의 제목은 "되살아나라 후쿠시마 살아가자 일구자"이다. 제목대로 방사능 오염으로부터 농업의 재건을 위해 거의 필사적이다. 왜냐하면 방사능 오염은 후쿠시마, 도치기, 이바라키, 치바, 군마의 유기농업을 직격하였으며 모든 농산물 거래가 취소되어 경양을 파탄으로 몰고 갔기 때문이다.

리포트의 핵심은 바로 이것이다. 유채, 해바라기, 콩의 재배를 통해 논과 밭의 세슘을 제염하고, 세슘이 검출되지 않는 식용유를 생산하여 농업경영을 재건을 도모한다는 것이다. 유지작물 즉 해바라기-유채-콩의 순서로 윤작을 진행하여 일석삼조의 효과를 거두고 유기농업의 새로운 전개의 기회를 삼자는 것이다. 위기를 기회로 반전시키자는 야심찬 프로젝트이다. 여기에서 일석삼조라는 것은 이를테면 유채꽃을 심어서 무농약, NON GMO(비유전자 조작) 그리고 방사능 제염을 극복하여 안전한 식용유와 간장, 비료와 사료을 확보할 수 있다는 매뉴얼을 보급하고 있는 것이다. 이미 해바라기-유채-콩 등 유지작물을 통한 밭의 제염작업

매뉴얼이 작동 중이다. 과연 식물의 세슘 흡수 기능을 활용한 밭의 유지작물 윤작을 통하여 제염작업뿐 아니라 농업 재건이 성공을 거둘까?

이미 도치기에 착유소를 설치하고 유기농 밭으로 그린 오일 프로젝트 선행시험을 개시하는 것을 보면 반은 성공적이다. 이 사례는 2006년에 체르노빌 원전에서 남서 70km 떨어져 있는 나로다치 재생 유채꽃 프로젝트가 5개년 계획에서 비롯되었다. 알다시피 1986년 4월 26일 한밤중 우크라이나에 있는 체르노빌 원자력 발전소가 폭발하여 대량의 방사능 물질이 대기 중에 방출되어 근처 지역에 막대한 피해를 주었을 뿐만 아니라 유럽 전체를 두려움과 공포로 몰아넣었다. 지금도 계속되는 오염의 연쇄를 의료지원만으로는 질병이 없어지지 않음을 깨닫고 토양을 정화하여 농업을 재생시켜 병의 근원을 끊어내야만 했다. 유지식물인 유채꽃이 부상한 것이었다. 유채꽃을 심어 토양을 정화하고, 바이오 디젤 연료를 만들고 그리고 방사능을 흡수한 유채꽃의 바이오매스(뿌리, 줄기, 잎, 껍질 등)을 발효시켜 바이오가스를 연료로 사용하는 프로젝트이다. 지금 후쿠시마에서는 유채꽃-벼의 2모작 재배를 이용한 제염 실시 매뉴얼을 돌리고 있다.

　문제는 이것이다. 유지식물이 방사능물질인 세슘을 흡수하는 특징이 있다는 것은 의심할 것도 없는 사실이지만 흡수한 세슘이 기름에 함유되지 않는다는 것은 이론적으로는 입증되었음에도 불구하고 많은 사람들이 심정적으로 쉽게 믿을 수 없다는 반응이 바로 그것이다. 그러나 이 리포트의 조사 결과는 국제적으로는 처음이며 방사능 오염 지역의 농업 재건에 좋은 소식이 아닐 수 없다. 이 리포트는 유채꽃에 대한 국제적인 인지도를 높여주고 있다.

# 청년의 관점에서 경제를 재구성하다

2016년 8월 해인사 일원에서 2박 3일 일정으로 두 차례 '청년희망캠프'가 열렸다. 해인사 주지 향적 스님이 취업 준비로 지친 이 시대 청년들을 해인사에 초대하였다. 청년들이 해인사에서 몸과 마음의 안정과 쉼의 시간을 누리면서 희망과 열정을 재충전하는 계기를 마련하고자 캠프를 열었다. 이 캠프에 혜민 스님, 유수상 목사님과 함께 손님으로 초청 받아 참가하였다. 종파를 초월한 다양한 청년들이 한자리에 모였는데 가톨릭 청년들도 더러 보였다.

청년들은 누구보다도 시대 문제들에 예민하게 반응한다.

사실 메르스 사태, 양남 지진, 최순실 국정 농단, 광장 촛불, 사드, 박근혜 대통령의 구속 등의 사건들 중 청년과 무관한 것은 하나도 없다. 돈만 벌면 된다는 식의 공공선의 상실로 인한 집단 병리가 기성세대와 직간접적으로 관련되어 있다. 지금 우리 사회가 직면한 문제들은 점점 고착화되어가는 사회적 불평등, 공공성의 부재, 배척의 경제, 생태위기, 고시원과 옥탑방, 실업, 빈부의 격차, 기회의 박탈 등이 청년의 미래를 어둡게 하고 있다. 설상가상으로 조류독감으로 3000만 마리의 가금류가 집단 살처분 되는 상황에 대한 책임으로부터 우리는 자유로울 수 없다. 캠프에 모인 청년들에게 이러한 문제들을 위기나 절망이 아닌 또 다른 기회로 파악하고 청년들이 지닌 창의력, 용기, 혁신을 통해 새로운 사회적 해법을 찾아보려고 나의 체험이나 대안들을 소개하였다.

캠프에서는 해결책이나 대안을 찾기보다는 지친 청년들이 해인사에서 몸과 마음을 내려놓고 쉴 수 있도록 먼저 배려하였다. 그 가운데 청년들은 각자가 겪는 어려움을 서로 이야기하고 들어 주며 공감대를 형성할 수 있었다. 그 모임에서 나는 사회경제 영역에 속하는 사회적 기업, 협동조합,

마을 기업을 지금의 현실을 극복할 새로운 사회적 대안으로 제시하였다.

이 모임에 참석하면서 나는 종교가 어떻게 청년들에게 다가가야 할지를 생각해 볼 수 있었다. 이제 사찰이나 교회가 청년 문제를 소극적으로 바라보지 않고 적극적으로 껴안고 각 교구마다 가톨릭의 장점인 조직 인프라를 가동하여 이른바 '가톨릭 혁신 사회적 경제 박람회' 또는 '가톨릭 청년 창업경제' 즉 '공유경제'(Economy of Communion)를 연다면 청년들의 사회 동합에 큰 역할을 하게 될 것이라고 본다. 그리고 교구의 가톨릭 경제인협회에서 1년마다 '청년 창업 경진 대회'를 열고 '청년 사회적 기업가'를 발굴하여 시상하고 응원해 준다면 위기를 타개할 수 있는 마중물이 될 것이다. 가톨릭교회가 지금까지 해 오던 단순한 애덕활동이나 자선활동을 넘어서 더 창조적이면서 통합적인 경제활동으로 청년들에게 기회의 장을 마련해야 한다. '헬조선'이라는 냉소적 태도를 극복하고 변화의 단초를 구할 수 있는 핵심 가치는 '함께하기'이고 '연대'이기 때문이다.

청년들에게 종종 하고 싶은 것, 즉 희망이 무엇인가 물으면 그들은 즉시 취업이라고 대답한다. 그만큼 돈이 중요하고 경제가 중요하고 취업이 중요하다는 말이다. 그러나 그들에게 먼저 필요한 것은 '통합적 성찰'이다. 청년들의 일상적인 경제활동이 불평등과 인간성 상실, 노동 착취, 환경 파괴 등과 관련이 있다면 '통합적 의식 성찰'을 적극적으로 촉구할 필요가 있다. 이 성찰은 단순한 종교적 회개가 아니다. 이 성찰은 개인적이고 사적인 것만이 아니다. 내가 못한 것은 내가 게을러서라는 자학만 하고 있다. 문제를 통합적으로 보는 시각을 길러야 한다. 청년들이 지금의 경제체제와 강박적인 소비 생활양식을 무조건적으로 받아들일 것이 아니라 사색과 성찰을 통해 그것을 비판적이고 분석적으로 바라볼 수 있는 힘을 길러야 한다. 그러기 위해 성찰하고 사유할 수 있는 공간을 마련하고 청년들이 현장 중심으로 그들만의 프로젝트를 설계하도록 도와야 한다. 지속가능한 삶과 시급한 사회 이슈나 생태 이슈들에 관심을 갖고 그 문제를 인식하며 사회적으로 소외된 공동체와 협업할 수 있도록 창조적 공간을 열어 주어야 한다. 취업 이전에 '통합적 성찰'이 필요한 것이다. 단순하게 돈벌이를 위한 일자리를 구하는 것이 아니라, 자신들이 하는 일이 환경, 경제, 사회, 문화, 일상생활, 공동선과 정의 그리고 정

치와 연결되어 있다는 사실을 자각하는 것이 중요하다. 그
것이 바로 통합적인 자각이다. 물론 청년들이 정치와 사회
참여도가 낮은 것은 그들에게 눈을 길러 주기 않았기 때문
이다.

통합적 자각을 통한 청년들의 적극적 사회참여는 우리사
회를 재구성하도록 촉진할 것이다. 보다 적극적으로 사회
와 교육기관이 청년들의 통합적 성찰과 용기에 지지와 후
원이 필요하다.


최근 폐 현수막으로 신발을 제작하여 세3세계에 보내는
부산 동명대 창업 동아리는 크라우드 펀딩 등으로 시민 투
자 자금을 유치해 사업화를 추진하고 있다. 청년들이 경제
적 불평등이라는 문제를 해결하는 해법을 모색하는 공동체
저 경제에 적극적으로 참여하는 좋은 사례이다. 교수가 주
도하여 가르치는 교수법보다는 직접 참여하는 조별 혹은
동아리별로 자신들의 창의력을 발휘하여 과제를 설계하는
것을 선호하는 청년들에게서 충분한 가능성을 발견한다.
청년들은 '낙수 효과'에 따른 기부와 자선의 경제활동보다
는 당대의 시장 경제 안에 완전히 새로운 해법으로 시장에
도입하는 것을 도전으로 삼는 것을 좋아하는 탁월한 경제

주체들이다.

　한 가지 더 추가한다면, 4차 산업혁명보다 더 근본적인 혁명은 폭력적인 '동물의 경제학'의 부역자로 나서지 않고 그 자리에서 스스로 자생하는 '식물의 경제학' 즉 경제와 대지가 만나는 곳에 서는 것이다. 청년이 아파서가 아니다. 청년들이 가난한 청년들을 믿고 연대하며 우리 시대의 청년들이 정부의 마약 같은 보조금에 기대하지 말고 스스로 출자하여 대지의 편에 설 수 있도록 종잣돈을 우리가 지원하는 것이다.

# 2부

## 대학자 힐데가르트 성녀와 통합 생태론

# 빙엔의 힐데가르트 수녀

교종 프란치스코의 회칙 〈찬미 받으소서〉 4장에 출두하는 통합 생태론의 콘셉트를 통하여 힐데가르트 수녀의 영성을 오늘날 우리 시대에 접속해 본다.

이 시대의 모든 콘셉트는 '통합'이다. 이 통합이라는 개념을 이해하지 못한다면 회칙 〈찬미 받으소서〉를 전개해 나가는 과정에서 되풀이하여 나타나는 핵심주제를 놓치게 된다. 지금까지 우리 교회는 통섭과 통합 그리고 융합이라는 개념보다는 오직 인간중심주의 구원관, 성과 속 이원론에 기초한 분리, 영과 육의 계층적 구조, 행성지구의 통합성 보전보다는 자연과 초자연의 단절이나 불연속선에 축을

둔 세계관을 구축하였다. 그러나 회칙 제3장은 인간이 초래한 생태 위기의 근원들에서 현대 인간 중심주의와 실천적 상대주의를 아주 강도 높게 비판한다.

이미 사회정의와 생태정의를 통합한 선임 교종 요한 바오로 2세의 전망을 계승하면서 베네딕토 16세 교종은 2007년 세계 평화의 날 메시지에서 인간 생태학과 사회 생태학, 자연 생태학이라는 개념을 통합하여 평화 생태학을 제기하였다. 2015년 〈찬미 받으소서〉 회칙에서는 평화 생태학에서 한 걸음 더 나아가 인간중심주의, 신중심주의, 생태중심주의에 대한 지난 수세기 동안 전개된 그릇된 하느님-인간-자연을 분리하여 접근하는 태도를 지양한다. 그래서 우주적 친교와 우주적 형제애의 새로운 종합 즉 통합 생태론을 우리에게 제시하고 있다.

회칙의 서두에서 회칙의 마지막 기도 즉 '우리의 지구를 위한 기도'에 이르기까지 반복되는 주제어는 이 세상의 모든 것은 우리와 무관하지 않다는 것으로 연결되어 있다. 마치 현대 우주론처럼 모든 것이 서로 관계를 맺고 있다는 사실을 강조한다. 시간과 공간도, 원자나 소립자도, 지구의 물리적·생물학적 구성 요소들, 생물종과 유전 정보도 서로 연결되어 있고 관계의 망을 이루고 있다는 것이다. 환경, 경제, 사회, 문화 그리고 일상생활의 생태론과 인간 생태론이 서로 밀접한 관련을 맺고 있기 때문에 이를테면 생태 평화의 투신과 배아실험의 정당화가 양립될 수 없다.

우리 한국가톨릭교회의 생태 발전관은 여전히 자연 보호와 죽음의 문화(교종 요한 바오로 2세의 회칙 1995)를 별개로 생각해 왔다. 그래서 지구의 부르짖음과 가난한 이들의 부르짖음인 하이브리드 가치에 통합적으로 귀를 기울이지 않았다. 〈찬미받으소서〉 91항에서는 "인신매매에 무관심하며, 가난한 이들을 배려하지 않고, 멸종 위기에 놓여 있는 생물종의 매매와 맞서 싸우는 것은 분명히 모순입니다."라고 했다. 곧 인신매매나 장기매매는 결국 아프리카 분쟁 지역의 불법 다이아몬드 매매와 멸종 위기 동물의 가죽 매매의 상대적 논리로 귀결된다는 것이다.

우주적 친교는 피조물 보호나 '비교할 수 없는 인간 가치'의 정의 구현 문제와 별개가 아니다. 평화와 정의 그리고 피조물 보호는 서로 철저하게 연결된 주제인데 사목 현장에서 사회노동운동가들은 생태를 자주 무시한 반면에 생태운동가들은 자주 사회정의를 소홀히 했다. 우리가 한때 농촌 살리기 운동을 통해서 이루어진 올바른 먹을거리 운동이 돈이 있는 사람만 먹을 수 있는 개인주의에 경도된 빗나간 웰빙주의로 비쳐지기도 했다. 이것은 사회 정의와 생태 정의가 연결되지 못했기 때문이다.

회칙은 통합 생태론의 영성의 길잡이이자 영감으로 삼았던 매력적인 인물을 이탈리아 아시시의 프란치스코 성인이라고 소개하고 있다. 프란치스코 교종은 통합 생태론을 기쁘고 참되게 실천한 가장 훌륭한 모범으로 아시시의 프란치스코의 성인이라고 다시 우리에게 일깨워 준다. 그래서 회칙 87항에서 아시시의 프란치스코 성인의 아름다운 노래 즉 '우주적 친교'를 드러내는 통합 생태론의 영성 기도를 우리에게 소개하고 있다.

여기에서 아시시의 프란치스코 성인(1182~1226)에서 뒤로 한 걸음 더 빙엔으로 나가자면 힐데가르트 수녀가 있다. 힐데가르트 수녀는 통합적 생태론 뿐 아니라 통섭적인 등가시성, 대학자로의 자리매김해 교종 베네딕토 16세께서 아주 비중을 담아 확증하게 이른다. 힐데가르트 수녀의 고유한 학자적 특징과 비전, 신비적 모습은 너무나 예외적이다. 신비적 대화의 원조 격인 위대한 아빌라-리지외 데레사를 제쳐놓고는 르네상스에 속하면서도 르네상스를 뛰어넘은 이런 지적인 인물은 찾아볼 수 없을 정도이다. 그는 중세 봉쇄 수도원 원장으로서 자매들의 영적·물적 선익을 돌보며 세상을 향한 400여 통의 편지와 58개의 설교, 문화적 활기를 보여주는 공동생활, 77곡의 찬미가와 응송, 성가를 작곡하는 등 전례생활을 창의적으로 꾸려 나갔다.

그는 중세의 내적인 마음 즉 수도원에만 정주하지 않았다. 그 시대의 문제에 예언자적인 응답을 하였다. 그 시대 여성에게 금지되었던 광장에서의 설교도 감행하였다. 사실 인간은 몸과 영혼이 통합된 존재이다. 그 당시 몸을 죄악시했던 세계관과는 달리 힐데가르트 성녀는 인간의 육체적 물질성도 긍정적으로 제시하며, 심지어 인간 육체의 약함에도 하느님 섭리의 가치를 부여했다. 힐데가르트는 낙원에서 자신들의 몸과 다시 결합되기를 기다리는 거룩한 이들의 영들을 위한 비전 속에서 보았다.

베네딕토 16세는 서한에서 힐데가르트 성녀를 "외적으로는 그리스도 신앙을 돈독히 하고 수도자적 실천을 강화했습니다. 이단인 독일의 카타리들을 배척하고 저술과 설교로 쇄신을 진작시켰으며, 사제단의 규율과 생활을 개선하는 일에 적극 헌신했습니다. 처음에는 하드리아노 4세, 다음은 알렉산데리아 3세의 초청으로 활발한 사도 활동을 했는데, 그 당시 여성들에게는 이례적인 일이었습니다. 생애 끝 무렵 교통이 불편하고 나이가 많음에도 불구하고 고생과 어려움이 없지 않았지만 여러 번의 설교 여행도 했습니다. 쾰른, 트리어, 리에주, 마인츠, 메스, 밤베르크, 뷔르츠부르크 등지를 다니면서, 광장이나 대성당에서 설교를 하였습니다. 그의 저술에 담긴 깊은 영성은 신자들에게나 그 시대의 위대한 인물들에게 막대한 영향을 주었습니다. 또한 신학, 전례, 자연과학, 음악 등을 망라하여 쇄신을 가져왔습니다."라고 표현하였다.

교종 베네딕토 16세는 힐데가르트 성녀에게 교회의 보편박사의 칭호를 부여한 이유는 "빙엔의 신비주의자 힐데가르트의 비전의 범위는 개별적인 문제를 다루는데 한정되었던 것이 아니라, 그리스도교 신앙에 대한 전체적인 통합을 제공하려고 노력하였다."고 지적하고 있다. 여성적이고 예언자적인 감수성으로 신의 계시를 정확하고 깊이 있게 담아 성삼의 신비, 육화, 교회, 하느님의 창조물에 대한 명상의 포괄성을 관점의 독창성으로 강조하였던 것이다. 다시 말해 힐데가르트는 한 우물을 파면서 문학, 과학, 당대의 미술과 교회 및 신학 사이의 대화, 자연학과 치료법, 음악, 전례, 교회개혁, 봉헌된 삶에 대한 이상 등 다양하게 재해석하고 재구성하여 자신의 관점을 혁신적으로 통합해 나갔다.

# 힐데가르트 르네상스

에디트 슈타인 수녀(1891~1942)는 1998년에 교종 요한 바오로 2세에 의해 성인품에 올랐다. 똑같은 비행기를 타도 좌석의 급이 다른 것처럼 힐데가르트 수녀는 교종 베네딕토 16세의 결정에 의해서 2012년에 가까스로 '등가 성인품'에 등극하였다.(5월 10일) 이어 2012년 10월 7일 베네딕토 16세 교종은 새로운 복음화를 주제로 한 제13차 세계 주교 시노드 개막미사에서 성 베네딕토회 수녀 빙엔의 힐데가르트(1098~1197)를 교회 학자로 천명하였다. 교회학자 35명 중에서 4명이 여성인데, 1997년 리지외의 소화 데레사(1873~1897) 성녀의 교회 학자 선포 다음으로 이루어진 것이다. 기적형

성녀 시에나의 카타리나(1347~1380)는 그 지역 시에나에서조차 잊혀졌는데, 1979년 800주년 기일에서부터 탄생 900년 사이에 비로소 부활한 '힐데가르트 르네상스'는 우리에게 무엇을 의미하는지 찾아볼 필요가 있다.

예컨대 아빌라의 데레사(1515~1582), 노리쉬의 줄리앙(1343~1416). 아시시의 클라라(1194~1253), 막데부르거의 맥히틸드(약 1207~1282 혹은 1210~1294) 등등 다른 어떤 여성신비주의자들보다도 늦게, AI나 빅 데이터 시대에 이렇게 힐데가르트 성녀를 성녀로 호출하였을까? 다른 교부나 성녀와 성인들과 차별화되는 스토리는 무엇일까? 왜 21세기에 이르러, 왜 하필 12세기에 빙엔의 힐데가르트 수녀를 찾는 것일까? 교종 프란치스코의 통합 생태론을 다른 여성 교회학자들, 이를테면 데레사 성녀나 카타리나 성녀에게는 붙일 수 없다. 거의 불가능하다. 베네딕토 16세 교종도 서한에서 "그의 저서들은 양적으로나 질적으로나 다양한 측면에서 볼 때, 다른 중세 여성 작가들과는 비교가 되지 않습니다." 라고 했다.

멘델의 법칙을 발견한 멘델 신부(1882~1882), 우주빅뱅 아버지 르메트르 신부(1894~1966), 한라산 중턱에서 왕벚나무 자생지를 발견하여 전 세계에 알린 에밀 타케 신부(1873~1952)에게서도 통합 생태론을 대면할 수 있다. 베네딕토 16세 교종은 2012년 10월 7일 베드로 광장에서 "빙엔의 힐데가르트 성녀는 12세기에 뛰어난 인물입니다. 힐데가르트는 피조물에 대하여 각별한 애정을 품었으며, 약초를 찾아내고, 시와 음악을 만들어 내었습니다."라고 했다. 이 지점에서 에디트 슈타인 성녀와 다른 점을 알 수 있다.

교종 프란치스코의 현대 세계의 복음 선포에 관한 권고 '복음의 기쁨' 167항에서는 교육에 있어서 '아름다움의 길(Via pulchritudinis)'에 특별한 주의를 촉구하면서 예술을 활용하라고 주문한다. 우리 교부들 가운데 예술을 동반한 분은 거의 없다고 해도 과언이 아니다. 최악의 신학자는 예술가가 아닌 신학자이며, 최악의 예술가는 신학자가 아닌 예술가이다. 힐데가르트는 신학자이면서 과학자이지만, 여성으로서 힐데가르트는 예술에 대한 시대적 요청을 잘 알고 있었다. 베네딕토 16세 교종의 서한에서는 35개 그림 '길을 알라'와 9개의 '세계와 인간' 그림에 대한 언급은 없다. 반면에 "그는 성음악 작곡자였고, 음악작품들을 모아 엮은

'하늘의 계시에 의한 교향곡'이 있고, 의학서로는 피조계의 미묘한 차이와 '원인과 치료'가 있습니다."라고 지적하였다.

떼이야르 드 샤르뎅 신부(1881~1955)가 과학에서 신학으로 베틀을 놓았다면 힐데가르트는 정반대로 신학에서 과학으로 베틀을 놓았다. 그는 여기에 한 가지를 더 확대하였다. 사실 신학이나 과학은 사람의 영혼을 일깨우기에는 충분하지 않다. 힐데가르트 성녀는 특히 예술을 통해 몸소 아름다움을 보여 주었다. 힐데가르트의 마지막 저서인 비전의 3부작, 즉《세계와 인간》에서 보여준 마지막 아홉 번째 비전의 세밀화와 열 번째 비전의 세밀화는 소피아 비전과 힐데가르트 신학의 대통합을 표현한다. 베네딕토 16세는 2010년 9월 8일 바오로 6세 강당의 수요교리에서《세계와 인간》을 대표적인 걸작으로 인정하였다.

힐데가르트 성녀가 귀천한 후 273년이 지난 후 레오나르도 다빈치가 탄생하였다. 레오나르도 다빈치(1452~1519)가 살던 시대는 이탈리아 르네상스의 절정기였다. 독일의 철학자 엥겔스(Friedrich Engels, 1820~1895)는 르네상스 시대를 이렇게 설명했다. "인류가 이전에는 결코 경험해보지 못한 가장 위대하고 진보적인 변혁의 시기이다. 이런 변혁을 위해서 사고력, 열정, 성격은 물론 재능과 기량, 지식에서도 걸출한 능력을 지닌 거인을 필요로 했다. 수많은 거인을 탄생시킨 이른바 거인의 시대가 도래한 것이다."

힐데가르트와 레오나르도 다빈치를 비교할 수 없지만 다빈치 역시 천재임에 틀림이 없었다. 다빈치는 비범한 화가였을 뿐 아니라 조각가, 시인, 음악가, 건축가였다. 그는 예술을 포함한 폭넓은 분야에서 뛰어난 업적을 남겼다. 현재 전해져오는 그의 수기 원고는 책으로 25권, 분량으로 7천여 쪽에 달한다. 여기에는 미술은 물론 대자연의 모든 영역에 걸쳐 치밀하게 관찰하고 연구한 내용이 글과 그림으로 기록돼 남아 있다. 다빈치만의 독특한 '거울 필체'를 볼 수 있다.

교종 베네딕토 16세의 서한에서도 힐데가르트 수녀를 "그는 알 수 없는 언어로도 유명합니다. 그가 창조한 미지의 언어는 주로 독일어에 있는 음소로 되어 있습니다. 힐데가르트의 언어는 독창적이고 효과적인 양식이 있고, 상징적인 의미가 강하며 번쩍이는 직감력과 통렬한 유추와 황

홀한 은유로, 시적 표현이 자주 나옵니다."라고 했다.

 다빈치의 인체해부도는 힐데가르트의 그림에서 영감을
받았을까? 다빈치 역시 힐데가르트 성녀에 못지않게 소재
역시 해부학, 동물학, 공기역학, 건축학, 의상 디자인, 군사
프로젝트, 화석 연구, 물 연구, 수학, 기계, 음악, 광학, 철
학, 로봇, 점성학, 천문학, 무대 디자인, 도시 계획 및 포도
재배 등 광범위한 분야를 두루 포함하고 있다. 힐데가르트
는 비전만 기록한 것이 아니다. 수도원에서 내려오는 약초
치료나 비법뿐 아니라 민간의학의 요소들도 수용했다. 이
미 알려져 있던 웰빙 지식들을 자신의 신학적 관점에 따라
통합했다는 것이 중요하다. 예를 들면 그녀의 치료석에 대
한 리스트도 그냥 나열한 것이 아니라 성경에 나오는 보석
들을 자신의 치료법에 통합하였다는 점이다. 그녀의 지연
학은 293종의 식물, 63종의 나무, 8종의 금속, 72종의 새,
18종의 파충류 등을 다양하게 소개하고 있다. 힐데가르트
는 자신이 어려서부터 본 비전을 자신의 분야 밖에서 더 많
은 통합적인 방법으로 명상하였다. 그리하여 더욱 창조적
인 통찰을 얻었으며 자신만의 혁신적인 방법으로 21세기의
성녀로 다시 환생하게 된 것이다.

# 덕행별곡

천재로 알려진 다빈치도 하지 못한 것이 있다. 〈덕행별곡〉이다. 덕행별곡은 중세의 가장 오래된 첫 오페라라고 볼수 있다. 일종의 도덕극인데 나는 여러 버전으로 나온 것을 본 적이 있다. 한국에서는 대구 베네딕토회 서행자 수녀가 〈덕행별곡〉을 시연하려고 노력하고 있는 것으로 알고 있다. 'Ordo Virtutum'을 우리가 번역할 때 '성덕聖德의 열列' 또는 '덕행의 이치'로 소개된 바 있는데, 서행자 수녀는 우리나라 고전 문학 시가의 한 양식인 별곡別曲에 착안하여 덕행별곡德行別曲이라는 이름으로 지었다. 힐데가르트는 몸과 영혼의 상호작용을 'Ordo Virtutum(도덕극)'이라는 음악적

춤 공연 속에 각색해 넣었다. 힐데가르트는 미덕과 악덕을 무대에 올려 서로 대화하도록 만들었을 뿐 아니라 그들의 전형적인 사고방식을 표현했다. 이렇게 함으로써 자신의 깨달음을 기도로, 노래로, 그리고 춤으로 표출하는 것은 창의적이면서 통합적이다.

성녀에게 음악은 비리디따스와 마찬가지로 근본적인 개념이다. 지상과 천상적 계시의 조화로운 화성인 음악은 치유하고 조화를 이루게 하며, 쇄신할 수 있게 한다. 영혼과 마찬가지로 음악은 천상의 에너지이기 때문이다. 이른바 덕행별곡은 하느님 말씀에 대한 두 가지 응답, 즉 전례와 축제를 통한 입의 소리와 덕과 거룩한 삶을 통한 마음의 소리다. 이 두 소리가 마치 삶 전체를 조화롭게 하여 교향곡을 연주하는 것과 같다고 본 것이다.

1152년 5월 1일, 고생 끝에 루페르츠베르크의 자립 수녀원을 특별한 구조로 건축하였다. 지금은 이곳에 철도가 들어서 당시의 수녀원이 없어졌다. 전해오는 이야기에 의하면 새 수녀원 축성식 때는 힐데가르트 성녀의 도덕극 덕행별곡이 수녀원 공동체 모두가 참여하여 첫 공연되었다고 한다. 독창적인 발상이 대단하지 않는가? 덕행들을 의인화하여 독창과 합창이 교송되는 82곡의 그레고리오 성가로 구성된 이 덕행별곡은 두 옥타브를 넘나드는 선율의 도약진행과 고전 라틴어의 틀을 넘어선 노랫말 등 당시로서는 상상할 수 없는 창의성을 보인다. 자신의 윤리신학을 예술로 표현해 내는 통섭적인 인물이라는 점이다. 여기에서 윤리신학이라고 하는 것은 1158~63년 두 번째 신학 저서 《가치로운 삶》은 이 덕행별곡을 기초로 각각 35 종류의 덕과 악덕이 싸우는 극으로 전개해 나가고 있기 때문이다. 이 저서는 덕과 악습 사이의 관계에 대하여 여섯 부분으로 집중 조명한다. 인간은 날마다 매순간 선택해야 한다. 그리고 인간은 악의 도전에 맞서야 한다. 사느냐 죽느냐 - 악덕과 덕, 생명이냐 죽음이냐? 어느 쪽을 선택해야 하는지 갈림길에서 결정해야 한다는 점에서 이 책의 역동성이 나온다. 이 갈림길에서 덕들은 모든 것을 이길 수 있는 하느님의 말씀 즉 신적 로고스의 한 표현이 되고 있다.

힐데가르트는 이미 덕행별곡에서 선과 악 사이에 있는 인간의 도덕적 드라마를 다루었다. 자신의 저서 《가치로운 삶》에서는 우리 내면에 살고 있으면서 도처에서 늘 팽팽하게 만날 수 있는 선과 악을 35개로 구분, '라이브'로 보여주면서 우리에게 삶의 지혜를 곰곰이 묻고 대답한다. 역사상 처음으로 독일 프랑크푸르트 대학의 미술과 교수이자 화가인 한스 마이어가 힐데가르트의 35개의 덕과 악덕을 그림으로 묘사하였다.

보통의 경우는 대본이나 탄탄한 스토리가 먼저 나온 후에 영화를 촬영한다. 그러나 힐데가르트 성녀의 경우 먼저 덕행별곡이 나오고 그 다음 저서 《가치로운 삶(Liber Vitae Meritorum)》이 완성되는데 그녀의 나이 60세였다. 의학시와 자연과학 저서인 《원인과 치료(Causae et Curae)》와 《Physica》(자연이 지닌 치료의 힘에 관한 책)을 쓴 뒤였다. 2004년 독일 콘스탄쯔에서 힐데가르트 치료법에 정통한 슈트렐로 박사를 대구 고산본당에서 초청하여 세미나를 개최한 적이 있다. 그는 35개의 덕과 악덕을 심리요법에 적용할 뿐만 아니라 척추 뼈와 연결시켜 전인적인 치료법을 우리에게 소개하였다.

힐데가르트 성녀가 본 것처럼 인간이 지닌 서른다섯 가지 미덕 혹은 긍정적인 에너지는 인간의 영혼과 조화롭게 작용하고, 영혼은 중추신경계의 길을 통해 인간의 몸과 영원히 연결되어 있다. 두개골과 척추에는 신경 시스템이 모이고 나가는 장소가 있다. 척추 신경은 체절(body segment)을 따라가며 몸 전체와 내장기관이 활동하게 하고 그 움직임을 증진시킨다. 그 다음 내장은 자신들의 생명 신호를 신경을 통해 중추신경계로 되돌려 보낸다. 해부학에 따르면 척추 뼈는 34개다. 경추 7개, 흉추 12개, 요추 5개, 천수를 이루면서 연결된 5개의 뼈와 미수를 이루는 5개의 뼈로 이루어져 있다.

척추 뼈 서른넷과 두개골을 합치면 서른다섯 개가 된다. 35가지 덕과 악덕은 35개 척추에 상승한다. 이 척추 뼈는 서른다섯 개의 척추 신경과 함께 우리의 영혼이 지닌 35가지 덕 혹은 악덕과 의사소통을 한다. 힐데가르트의 정신치유법에서 찾아낸 영혼과 신경의 상호작용은 이 분야에서 가장 중요한 발견 중 하나이고, 정신적인 원인 때문에 발생한 질병의 중요한 위험인자를 찾아내도록 해준다.

35가지 덕과 악덕의 분류 내용은 다음과 같다.

1. 물질에 대한 사랑, 하늘을 향한 사랑 2. 성마름, 규율 3. 쾌락에 대한 사랑. 단순함에 대한 사랑 4. 냉담

함. 공감 5. 체념, 하느님의 승리 6. 분노, 이해 7. 탈선, 하느님을 향한 갈망 8. 폭식, 자제 9. 편협, 관대함 10. 사악함, 경건함 11. 거짓말, 진실 12. 논쟁, 평화 13. 불행, 축복 14. 무절제, 절제 15. 파멸, 구제 16. 오만, 겸손 17. 부러움, 자선 18. 명예욕, 하느님을 향한 경배 19. 불복종, 복종 20. 믿음, 불신 21. 절망, 희망 22. 외설, 순결 23. 불의, 정의 24. 무기력, 강인함 25. 하느님을 망각, 성덕을 추구 26. 성급, 인내 27. 재산에 대한 염려, 천국을 향한 열망 28. 완고함의 회한, 죄책감 29. 불화, 일치 30. 불화, 화합 31. 상스러움, 경배 32. 방랑, 안정 33. 주술, 하느님에 대한 헌신 34. 탐욕, 만족 35. 우울, 천상의 즐거움

# 힐데가르트의 우주론

교종 베네딕토 16세는 힐데가르트를 교회학자로 선포하는 서한에서 세 권의 주요 작품을 소개하고 있다. 《길을 알라》(1141~1151), 《가치로운 삶》(1158~1163), 《세계와 인간》(1163~1173)이다. 이 3권 모두는 그의 비전과 주님으로부터 받은 사명을 이야기한다. 그리고 교종은 일반 알현 수요 교리에서도 이 책 3권을 자세하게 설명한다. 이 책 3권 모두는 여성적인 감수성이 배인 상징과 여성의 고유한 지혜와 감수성으로 하느님과 신앙의 신비에 대해서 이야기한다. 《길을 알라》와 《세계와 인간》을 연결해서 읽으면 좋을 것이다. 특히 35개 비전 그림과 9개의 그림을 보면 그림의 형상들이 초기보다는 발전되어 왔음을 알 수 있다.《길을 알라》에서 시작된 우주와 세계의 형상화는《세계와 인간》에서 '생명의 순환'으로 더욱 진화된 힐데가르트의 우주론을 생생하게 느낄 수 있다. 전자는 35개의 비전을 통해서 우주 창조와 종말에 이르기까지의 구세사를 요약하고, 후자는 피조물을 하느님과의 관계에서 풀어낸다. 이 모두는 그리스도 중심성으로 인간 중심성을 서술한다.《길을 알라》가 다루는 근본적인 문제는 우주와 구원의 역사를 통합, 대우주와 소우주를 일치시킨다. 힐데가르트 사유는 인간 전체가 즉 인산과 자연, 영혼과 육신, 정신과 물질 등 모두가 우주와 조화를 이루고 있다는 데서 출발한다. 이 조화가 죄를 통해 깨어져서 그것을 다시 회복시키는 구원 작업이 덕과 부덕의 끝없는 긴장 속에서 인간은 선과 악에 대한 전적인 책임을 지고 있다는 것이 지서《가치로운 삶》의 주 흐름이다.

힐데가르트 성녀의《세계와 인간》은 모두 3부로 되어 있다. 인간세상, 내세의 왕국-정화의 장소, 구원의 역사로 나누어져 10개의 비전과 9개의 그림으로 요한복음 시작에서 영감을 받은 5개 비전을 소개한다. 생명의 기원, 세계의 창조, 인간의 본성, 몸의 움직임에 대한 비전과 역사의 의미,

그리스도 오심을 준비, 사랑의 효과, 우주의 완성, 세계의
종말에 대한 비전이 바로 그것이다.

## 1) 체액 병리학

세계와 인간 비전3에서는 인간 본성에 대한 비전에서 인
간이 지닌 우주적 차원을 기록하고 있다. 인체의 움직임에
대한 비전4에서는 네 가지 요소들의 리듬 안에서의 인류를
그리고 있다. 창조주의 사랑 안에서 창조를 이어가도록 질
서 있는 우주, 사람의 몸과 자연과의 관계, 영혼과 몸과의
관계 그리고 땅에서 창조의 작업을 계속 이어가야 하는 인
간의 책임을 이야기하고 있다. 영국의 내과 의사이자 해부
학자였던 윌리엄 하비(1578~1657)가 혈액이 몸 전체를 순환한
다는 사실을 밝혀내기 4백 년 전, 빙엔의 힐데가르트는 체
액 순환에 관련한 비전에 대해 묘사했다. 힐데가르트는 해
부학을 공부하지 않고서 어떻게 신장과 간문맥, 신동맥(콩팥
동맥), 혹은 복재정맥류와 같은 혈관에 관해 알 수 있었을까?
이 모든 것이 그녀가 지닌 비전적 재능을 증명한다.

이 네 가지 요소( 불, 공기, 물, 땅)는 네 가지 체액과 연결시
킨다.

우주의 네 가지 구성요소, 네 가지 방향, 4계절, 네 가지

기질·체질, 네 가지 혈액-A, B, AB, O형, 네 가지 기본 유
전 코드-아데닌, 시토신, 구아데닌, 티아민. 이들의 조합으
로 8만 가지 인간 유전자가 형성된다.

"그리고 나는 이 바람과 공기의 다양한 특징들이 인체 조직
들의 체액에 영향을 미치며, 그 성질을 바꾸기도 한다는 것을
알게 되었다. 외부의 특징들은 인체 조직의 체액들과 충동을 일
으키기도 하고, 비슷한 성질끼리는 조화를 이루기도 하기 때문
이다."

- 《세계와 인간》, 비전 3:1

힐데가르트의 의술은 체액 병리학이다. 우리의 건강은 체
액의 질에 따른 결과로서 건강한 체액과 웰빙을 대변한다.
······ 특히 그녀의 의술 서적인 《원인과 치료》에서, 힐데가
르트는 자신이 생체의 점액이라 부르던 혈액과 호르몬, 장
기의 대사 등과 같은 체액에 대해 묘사했다.

"네 가지 체액이 있다. 두 가지는 좀 더 두드러진 역할을 하는
가래이고 나머지 두 가지는 담즙이다"

- 《원인과 치료》 50:31

"네 가지 체액이 균형을 잘 이루고 올바른 순서로 작동할 때,
인류는 평화로우며 육체적 건강을 충분히 누릴 수 있다. 균형
잡힌 네 가지 체액은 이 세상을 이루는 네 가지 요소와 같다"

- 《원인과 치료》 56:34

네 가지 체액에 대해서는 여러 나라의 의학 분야에서 잘
알려져 있다. 히포크라테스로부터 파라셀수스에 이르기까
지 내과 의사들이 이에 대해 언급해 왔으나 힐데가르트의
설명은 좀 다르다. 힐데가르트에 있어서 이 네 가지 체액은
치료의 방법을 이해하는 열쇠이다. 4라는 숫자는 우주의 구
조와 세계를 이루는 네 가지 요소라는 면에서 뿐 아니라 인
간을 형성하고 기능토록 하는 면에서도 중요하다. 예를 들
어, 남자와 여자가 지닌 기질들과 그 특징적 변화들뿐 아니
라 네 가지 혈액형에서 중요하다는 것이다. 이 네 가지 체
액들로 인해 질병에 걸리기도 하고 건강하게 살기도 한다.
동물들처럼 체액은 스스로 조건을 변화시킨다.

"체액들은 마치 표범처럼 행동하여 때때로 인체 속에서 거칠
게 포효하며, 다른 때에는 조용하다. 체액들은 마치 게처럼 앞
으로 혹은 뒤로 기어 다니면서 우리의 변화 가능성을 표시한다.

그들은 뛰어 오르면서 밀치는 것으로 충돌의 표시를 하는 수사 슴처럼 행동한다. 다른 때에는 여우처럼 포식자의 본성을 갖는 다. …… 그들은 마치 사자처럼 행동하여 무소불위의 그 힘을 보여주거나 혹은 부드럽게 굴거나 표독한 양면성을 가진 뱀과 닮을 수 있다. 그들은 또한 양처럼 순한 척 할 수 있다. 종종 그 들은 화난 곰처럼 인체 내에서 으르렁거릴 수 있다. 따라서 인 체 체액은 변화무쌍하다."

- 비전 3:1

힐데기르트는 장기들이 체액의 도움을 받아 서로 의사소 통을 한다고 보았다. 예를 들면 간과 뇌, 간과 귀가 그렇다. 힐데가르트의 의술에 있어서 이 지식은 자연적 진단법 혹 은 치료법 모두와 관련하여 대단히 중요하다.

"체액은 인간의 간에 도달하곤 하는데, 그곳은 뇌에서 온 우 리의 지각이 시험되는 장소이다. …… 만약 간의 혈관들이 체액 에 의해 악영향을 받는다면, 그들은 귀의 혈관을 방해하여 청각 장애를 유발할 수 있으며, 이는 건강함 혹은 질병이 종종 우리 의 청각능력과 연관되기 때문이다."

- 비전 3:1

힐데가르트는 자율신경계와 복강신경총의 기능이 장기를 조종하는 것이라고 보았다.

"나는 또한 체액이 결국에는 어떻게 배꼽에 도달하는지를 보았다. 배꼽은 창자들의 중심부이며 그 장기들을 제어한다. 배꼽은 체온을 공급하고 창자의 운동을 규칙적으로 만들기 때문에, 이것 없이 우리는 살 수 없다."

- 비전 3:1

"뇌와 심장, 허파, 간의 혈관들뿐 아니라 다른 장기의 혈관들은 우리 몸의 신장에 힘을 주는 반면 신장의 혈관들은 종아리로 내려가 다리에 힘을 준다. 만약 체액들이 다리 혈관들을 타고 상승하여 남자 혹은 여자의 생식기와 결합하게 되면 그 기관들에게 효과를 발휘한다."

- 비전 3:1

"두통과 간질 같은 질병은 체액이 마를 때 일어날 수 있다. 만약 체액들이 부자연스러운 방법으로 교란되면 간에 악영향을 미치는데, 수분이 줄어들고 허파의 습기가 사라지고, 질병이 발생한다. 만약 마르고 유독성을 띠게 된 가래(담)가 뇌로 올라가면, 두통이 일어나고 눈을 방해할 수 있다. 거기에다 골수가 마르고 담이 줄어들 때, 간질이 우리에게 악영향을 미칠 수 있다. 우리의 몸이 궤양화 되는데, 마치 배꼽 주위 습기가 마를 때 문둥병(건선)이 생기는 것처럼 ⋯⋯

체액이 가슴을 통해 과도하게 흐르게 되면 간에 흑담즙이 넘치게 되고, 이는 우울증과 정신이상을 유발할 수 있다. 만약 이 우울한 체액들이 뇌로 올라가면 그들은 뇌를 공격하여 뇌졸중을 일으킬 수 있다. ⋯⋯ 만약 위장으로 내려가면 열과 위염을 유발한다. ⋯⋯

사람들은 오랫동안 아플 수 있다. ⋯⋯ 이 체액늘은 귀에 있는 작은 혈관을 압박하여 이명 현상을 일으킬 수 있다. ⋯⋯ 과도한 가래와 더불어 허파를 공격할 수 있고, 같은 점액으로 기침을 유발하여 사람이 숨을 쉬기 힘들도록[천식] 만든다. 같은 체액들이 심장 혈관으로 확장될 때, 심장의 통증[협심증]을 유발될 수 있다. 또한 그 옆 부위로 번질 수 있고, 허파의 염증[흉막염]을 일으킬 수 있다.

체액들이 배꼽 주변에 넘쳐날 수 있지만 간과 췌장, 창자와 같은 내장은 뇌로 상승하여 정신이상을 초래할 수 있다. 호전적 우울증은 체액들이 쓸개에 악영향을 미치거나 갈산을 통해 혈액의 산성이 증가했을 때 유발될 수 있다.

때때로 체액들은 적절치 못한 수분과 더불어 신장 및 종아리 혈관들과 몸의 다른 부위로 과도하게 들어온다. 만약 거기에다가 너무 많이 먹고 마신다면 체액들은 근육을 파괴할 것이고, 부종과 통증 [결합 조직염과 류머티즘, 통풍]을 유발한다. 체액의 균형이 잡힌 사람들, 즉 적정한 수분을 함유한 체액이 몸 전체를 용이하게 순환하는 경우는 건강을 유지하고 선하고 그른 것에 대한 인지를 제대로 하면서 성장할 것이다."

- 비전 3:1

"생각하는 방식이 점점 삭막해지기 때문에 우리는 잘못된 길로 나아간다. 그런 뒤 인체 내 체액이 부자연스럽게 흥분하고 [갈산이라는 생산물과 더불어] 간에 악영향을 미친다. 가슴속 혈관의 수분이 줄어들고 체액이 마를 때 사람들은 병들고 그 결과로서 근육에 궤양이 생긴다. 그러한 사람들은 문둥병에 걸린 것처럼 보인다. 만약 생식기의 혈관이 과도한 자극을 받았다면, 유기체 전체의 적절한 수분이 증발한다. 부스럼이 생기고, 우리의 죄가 사악한 버릇 속에서 곪아터질 때 성령을 내버린다. 명예로운 행동을 위한 활력은 메마르고 나쁜 행동은 사악한 방법으로 더 많이 드러날 것이다."

- 비전 3:15

"만약 우리의 사고가 너무 무모하지 않고, 너무 인위적이지 않고, 너무 고집스럽지 않으며 고결한 도덕성 안에서 인류와 하느님이 보기에 조화를 이룬다면, 그 사고는 우리로 하여금 평화로운 습관을 가지도록 하고 지혜 속에서 뿌리내리게 될 것이다. 우리는 세상의 갈채에 더 이상 연연하지 않고 미덕의 도움으로 천상의 즐거움을 바라게 될 것이다. 마치 아가 7장 1절에 쓰인 것처럼 말이다. "신을 신은 그대 발이 어찌 그리 아름다운가요, 귀한 분의 딸이여!' 다시 말해서, 영원한 생명에의 희망으로 선한 행위를 하며 온 마음으로 즐거워하고 하느님을 갈망하는 자, 그대의 즐거움은 떠오르는 태양처럼 타오른나. 당신은 하느님의 아들로 향하는 길에서 생명의 아름다움을 모든 사람들에게 보여준다. 그런 다음 당신의 영혼은 귀한 분의 딸이라고 불리며, 그는 평화의 왕자라고 불리는 분이시다."

- 비전 3:19

"하느님과 인류는 영혼과 육체 모두 하나이며, 이는 하느님이 우리를 그의 모상대로 창조했기 때문이다. 천상의 전체적 조화는 하느님과 인간 사이의 조화를 반영하는 것이고, 하느님의 기적을 반영한다."

- 《원인과 치료》 65:22

## 2) 우주의 발전소 -영혼은 모두 원래부터 우주적이다

인류를 창조할 때, 하느님은 우주를 창조했을 때와 같은 방법을 사용했다. 인류의 육체는 소우주의 정확한 축소판이고, 창조주가 지닌 살아있는 힘의 모상이다.

"하느님은 자신의 거룩한 모상에 따라 인간을 만드셨다. 주께서는 이 모상을 거룩하신 하느님의 신성을 담을 그릇으로 삼으시고자 했다. 이렇게 하여 하느님은 거룩하신 말씀으로 모든 세상을 창조하셨듯이 인간의 모상에 신성을 불어넣어 인간을 만드셨다."

- 비전 4:14

"하느님께서 각 요소들의 힘을 우리에게 주셨기에, 태양이 지구를 비춰, 햇빛을 보냈다가 다시 지구의 빛을 흡수하듯이, 우리가 숨을 들이마시고 내뱉을 수 있는 것이다. 이렇게 주께서는 세상의 모든 요소들의 힘을 우리에게 적용시키셨다. 이렇듯이 인간의 머리가 둥글고 대칭을 이루고 있는 것은 영혼이 육신의 욕망에 따라 죄를 짓지만, 이를 뉘우치고 의로움 속에서 자신을 새롭게 한다는 것을 나타낸다. 또 영혼은 대칭을 이루는데, 비록 죄 지음 속에서 기뻐하더라도 곧 슬픔으로 괴로워하

기 때문이다. 영혼은 육신이 죄 속에서 기뻐할 때마다 고통을
받는다."

- 비전 4:16

"영혼은 인간의 형상 깊은 속에 가라앉아 있기 때문에 언뜻
보기에 인간의 육신은 저절로 움직이는 것처럼 보인다. 영혼은
자신이 창조주에 의해 보내졌으며, 인간이 진실한 믿음에서건
거짓 믿음에서건 하느님을 창조주라 부른다는 것을 알고 있다."

- 비전 4:18

"영혼은 두 가지 능력-열정적인 작용을 수축하고 이완하는
능력-을 가진다. 수축하는 능력을 통해 영혼은 높은 곳으로 올
라가 하느님을 경험한다. 이완하는 능력을 통해서는 그 자신을
담는 그릇인 몸 전체를 장악히여 그 몸을 통해 해야 할 행동을
이루어내고 몸을 통해 여러 일들을 이루어낼 수 있음을 기뻐한
다. 이 몸은 하느님께서 만드신 것이요, 영혼은 그 몸의 행동을
온전하게 하기를 열망한다.

영혼은 몸 전체의 유기적인 기능을 경험하기 때문에 뇌와 심
장, 혈액 또는 골수로 이동할 수 있다. 그렇기 때문에 영혼은 육
신의 요소들이 감당할 수 있는 범위 이상으로는 성취할 수 없

다. 아무리 영혼이 몸 안에서 최대한 선한 일을 하기를 갈망하더라도 영혼은 거룩하신 은총이 허락하시는 범위 이상으로 나아갈 수 없다. 때로 영혼은 육신의 욕망에 따라 행동하는데 이런 행동은 탈진하여 골수에서 땀이 흐르고, 혈관의 피가 다 말라버릴 때까지 계속된다. 이런 상태가 되면 영혼은 다시 골수를 채우고, 육신의 피를 데울 수 있게 될 때까지 휴식에 들어간다. 이렇게 영혼은 육신을 소생시키고 활력을 줌으로써 해야 할 일을 하도록 재촉한다. 또 몸이 정욕에 극복될 때에는 혐오감을 불러일으킨다. 몸이 활력을 재충전하면 영혼은 다시 하느님을 섬기기 위해 완전하게 돌아선다."

- 비전 4:19

힐데가르트는 우리의 신경시스템과 행성들의 관계를 알려주었다. 수십만 개의 신경세포는 밤낮으로 우주의 발전소와 연결되어 엄청난 양의 생명과 재생 에너지를 받아들인다. 이 신경점이 힐데가르트 의술에 나오는 일곱 개의 차크라(신체의 부위에 기가 모이는 부분)이다.

"인체의 두개골 꼭대기부터 이마의 옆 쪽 끝까지 일곱 개의 지점이 각각 동일한 간격으로 위치해 있다. 이는 동일한 간격으로 창공에 떠 있는 일곱 개의 행성을 상징한다. 가장 위에 위치한 행성은 두개골을 상징하는데 이 행성은 모든 행성 중 궤도가 가장 크다. 또 떠오르는 달은 이마를 연상시킨다. 한가운데 있는 것은 태양이다. 태양은 빛나는 불길에서 자신을 보호하기 위해 위쪽에 두 개의 행성을 두고, 달의 위치를 제대로 유지시키기 위해 밑쪽으로 두 개의 행성을 두었다. 달은 그 궤도가 가장 낮은데, 가장 위의 행성과 달 사이에 위치한 모든 행성들은 동일한 간격으로 위치해 있다. 창공의 윗부분과 아랫부분은 오목한 그릇처럼 동그란데, 위쪽 창공에 자리 잡은 태양의 빛줄기는 창공을 꿰뚫고 마치 포도주를 항아리에 붓듯이 이래 세상에 밝은 빛을 부어준다. 이는 우리 몸의 영혼이 어떤 행동을 시작해서 마칠 때까지 성령의 일곱 선물을 뜨겁게 경배해야 한다는 것을 의미한다. 어떤 행동을 시작할 때 영혼은 지혜의 도움을 구해야 하며, 행동을 끝낼 때는 주에 대한 두려움을 잊어서는 안 된다. 이성적인 영혼과 육체의 일, 그리고 우리를 온전한 존재로 만들어주는 오감 역시 이와 비슷한 관계이다. 영혼은 육체가 해낼 수 있는 일 이상의 것은 요구할 수 없으며, 육체는 영혼이 시키는 것 이상의 일은 하지 못한다.

- 비전 4:22

일곱 행성들의 에너지는 우리 신경시스템과 연결되며 이는 영혼과 우주와의 강한 유대감을 보여준다.

"우리의 뇌는 촉촉하고 부드러우며 차가운데, 모든 혈관과 몸 전체의 기관들이 온기를 가져다준다. 우리의 양심은 우리 안에서 죄가 차갑게 굳어갈 때 영혼에 눈물을 보낸다. 영혼은 우리의 몸 전체를 움직이는 살아있는 숨결이다. 하지만 영혼은 육신의 욕망에 굴복하기도 한다. 우리의 영혼은 선한 행동을 하기 위해 욕망에 저항할 때 태양처럼 빛난다. 하지만 육신의 욕망과 뜻을 같이 할 때는 달처럼 기운다. 이렇게 우리의 영혼은 달이 태양빛을 받아 다시 빛나듯이, 적에게 굴복했다가도 다시 소생한다.

영혼은 이성을 가진 영이다. 심장은 영혼의 지혜가 머무르는 곳이다. 영혼은 지혜를 통해 모든 것을 고려하고 조정한다. 이렇게 영혼은 그 그릇(인체)이 가장 효율적으로 기능하도록 내부의 기관들을 배열할 수 있는 영리함을 가지고 있다. 영혼은 불의 성질도 가지고 있다. 그렇기 때문에 영혼은 심장으로 전해지는 모든 생명의 과정에 온기를 가져다주고, 이 과정들이 제각각 분리되지 않도록 제어하여 하나로 통합시킨다. 영혼은 창조주에 의해 육신에 보내졌음을 알기에 선하고 거룩한 의도를 가지고 주를 향한 믿음 속에서 일어선다."

- 비전 4:25

인간에 대한 통합적 접근법을 사용하려면, 몸과 영혼이 어떻게 함께 작용하는지 이해해야 한다.

"하느님께서는 자연의 모든 힘으로 우리 인간을 강하게 해 주셨다. 하느님께서는 창조의 갑옷을 우리에게 입히셔서 우리 가 이 모든 세상을 눈으로 보아 알고, 들어서 이해하고, 냄새로 구분할 수 있게 하셨다. 그 결과 우리는 세상에 의해 자라고, 그 세상을 촉각으로 지배하게 되며 이를 통해 모든 세상을 만드신 진정한 하느님을 알게 된다. 하느님께서는 우주와 창공의 질서 에 따라 우리를 만드셨다. 그리고 하느님께서 신중하게 우주의 도구를 만드셨듯이, 인간도 정확한 기준에 맞춰 창조하셨다. 그 리고 하느님께서는 네 계절의 성질을 인간에게 주셨도다."

- 비전 4:97

"영혼이 우리 안에서 성취하는 것은 어느 것이나 불의 성질 을 갖는다. 영혼은 몸 전체의 기관에서 일어나 몸에 생명을 준 다. 영혼이 불의 성질을 가지기에 우리의 피는 언제나 따뜻하다. 또 영혼이 지나가는 길은 바람의 성질을 갖는다. 지상의 열매들이 불어오는 바람의 힘을 받아 익어가듯이, 영혼의 힘은 우리를 살과 피로 덮고 완전히 일체화시킨다. 이 영혼의 뜨거운 힘에 의해 우리는 하느님께서 함께 계시다는 것을 깨달을 수 있으며, 영혼의 숨결을 통해 스스로 몸을 움직일 수 있다는 것을 알게 된다.

하느님께서는 우리에게 다음과 같은 원칙을 주셨다. '무슨 일을 하든지 제대로 정확하게 하라.' 우리는 북쪽의 비어있는 공간에 신경을 써서는 안 된다. 모든 것을 파괴해버리는 교만은 인간과 하느님께 해악을 미친다.

영혼은 집의 안주인과도 같다. 영혼이 몸 안에 있는 한 영혼을 볼 수 있는 자는 아무도 없다. 이는 믿음으로 통찰력과 지혜를 얻지 않는 한, 우리가 하느님을 볼 수 없는 것과 마찬가지다. 하느님께서 창조하신 모든 자연의 도움을 받아 영혼은 우리 안에서 활동한다. 이 모든 것은 우리 영혼 안에 강력한 지혜에 의해 이루어지는데, 이 지혜는 액체와도 같다.

하느님께서는 모든 피조물의 최초의 형체에 생명을 불어넣어 주신 분이시라. 그렇기에 몸과 영혼은 서로 다르지만 하나의 현실로서 존재한다."

- 비전 4:103

"몸은 자신의 욕망에 따라 영혼을 제어하려 하며, 하느님께서는 우리의 행동을 심판해 칭찬하거나 벌을 내리신다.

영혼의 뜻을 따르는 한 몸은 한 곳에 뿌리를 내리기 때문에 자신이 얽매여 있는 모든 것에서 자유로워질 수 없다. 하지만, 만약 몸이 살아있는 영혼에 의해 새로워진다면, 몸은 너무나 가벼워져서 새의 날개처럼 날아오를 수 있을 것이다.

자신의 빛나는 가치를 알게 된 영혼은, 그 광채를 보여주기 위해 다시 육신을 되찾길 원한다. 그때 육신의 옷을 벗어던지고 자유로워졌다가 다시 자신의 육신을 되찾아 천국에 오른 자들은 천사들과 함께 하느님의 광채를 바라보며 주를 경배할 것이다. 그들은 새로운 하느님의 창조의 신비, 즉 여자와 남자의 창조에 대한 영광의 찬미를 커다란 기쁨 속에서 노래할 것이다.

이것이 인간이다. 우리는 몸과 영혼으로 만들어졌으며, 만물을 창조하신 하느님의 업적에 의해 존재한다.


영혼이 몸을 떠나 하느님에게로 돌아갈 때 자신의 본질에 대해 깨닫게 될 것이다. 그 순간 영혼은 자신의 존엄성이 얼마나 아름다운 것인지 보게 될 것이며 몸을 되돌려 달라고 요구한다. 그래서 몸 역시 그 웅장함을 즐길 수 있다.

몸과 영혼이 재결합할 때, 그들은 완전함 안에서 하느님의 영광을 찬미할 것이다. 천사들은 마치 창조 첫 번째 날에 그랬던 것처럼 이에 대해 찬양의 노래를 부를 것이다. …… 그 찬송가는 하느님이 인간에게 부여한 기적을 찬미하기 위함이다. 현악기로 연주되는 그 노래는 결코 중단되지 않을 것이며 하느님이 인간에게서 성취한 경이로움을 찬미할 것이다. 인류는 영혼과 몸을 가진 하나의 단위이고, 모든 창조물과의 조화 속에서 하느님의 작품으로서 존재한다."

- 비전 4:104

# 힐데가르트가 우리 시대에 주는 선물

토마스 베리 신부는 '지구의 꿈'에서 생태운동의 3가지 국면 즉 대결적 양상, 변형적 양상, 창조적 양상을 지적하였다. 힐데가르트 성녀의 삶을 보면 이 세 가지 양상 모두를 12세기 중세의 사회에 구현하였는데 21세기 현대사회와 유기적으로 모종의 공통점이 있다. 사회적 변혁의 시기, 종교적 전환의 시기, 전통적 가치관이 작동이 안 되는 시기, 어떤 삶이 가치가 있는지 더 이상 알 수 없는 시기에, 그럼에도 아니 그럴수록 '근원적인 것'을 갈급하는 시기에 힐데가르트 수녀는 이 시대의 구원투수로 호출을 받았던 것이다.

왜 힐데가르트 수녀는 사후 919년 즉 2012년에 와서야 성녀가 되었을까? 이 질문과 이 질문에 대한 답을 찾아보아야 한다. 어떤 운동이나 이데올로기가 역사 속에 숱하게 등장하고 사라졌으며 성인성녀들이 시성되었다. 하지만 힐데가르트 수녀는 그녀의 사후 거의 1000년 만에 우리에게 또 하나의 전사로 환생하게 되었는지 존재의 물음으로 자각할 필요가 있다. 이 자각과 창의적 물음이 첫 번째 선물이다.

두 번째 선물은 통합적 생태론의 모델이다. 작곡자이자 건축가, 공학자인 야니스 제나키스는 "예술가, 다시 말해 창조하는 사람은 수학, 논리학, 물리학, 화학, 생물학, 유전학, 고전생물학, 인문과학, 역사학을 망라한 다양한 식견과 창의성을 갖추고 있어야 한다."고 했다. 힐데가르트는 르네상스 이전에 세상을 살면서 21세기까지 점프한 천재이다. 로버트 루트번스타인은 그의 저서 《천재의 불꽃》에서 "교육의 목적은 모든 학생들이 화가이자 과학자로서, 그리고 음악가이자 수학가로서, 무용수와 공학자로서 사고하도록 도와 주는데 있다"고 지적한다.

생태 위기에서 통합적 생태론 교육은 필수적인 역할을 갖고 있다.(《찬미 받으소서》 6장 '생태교육과 영성') 문제의 핵심은 통합적 생태교육이 여전히 특별하고 특수한 성격을 갖는 것이다. 이 교육은 여전히 공교육에 통합되지 못한 상태로 남아있고 가톨릭신학대학에서 통합 생태론을 가르치지도 않는다. 모든 학교가 검정고시나 입시에 묶여 있는 한 통합적 생태교육은 유치원에만 메아리칠 것이다. 이를테면 '생태교육'은 '생태'나 '녹색'에 대한 것만이 아니다. 이 교육은 전인적 접근을 가지는 것이 필요하고 많은 다른 주제를 포함하는 것이 필요하다. 왜냐하면 인간 내면은 전체적이고 통합적인 특성을 가지고 있기 때문이다. 예를 들어, 지질학, 생물학, 천문학, 문학, 미술, 음악, 언어, 그리고 생명윤리는 현장에서 깊이 체험될 필요가 있다. 또 힐데가르드가 제안하듯이 어린이들의 '텃밭 약초 가꾸기'(라벤다, 파슬리, 감초, 쐐기풀, 제비꽃, 양배추, 페파민트 등)야말로 공동체적 경제이다(EoC). 왜냐하면 그것은 어린이의 '지리적 상상력', 곧 감정 규모와 그들의 육체적인 참살이에 공헌하기 때문이다. 텃밭 가꾸기에 의해 어린이는 그들이 속한 '거주지의 신성함'을 깨닫고, 양육하고 양육 받도록 배우게 된다. 통합적 생태교육은 인간을 재창조하는 위대한 과업임에 틀림이 없다.

세 번째 선물은 비리디타스와 체액이다. OECD에서 발표한 헬조선 50관왕이다. 우리의 염원대로 우리 지역뿐 아니라 우리나라 전체가 잘 사는 나라가 되었다. 1996년에는 선진국 클럽이라는 경제협력개발기구(OECD)에도 가입했고, 2014년 현재 1인당 국내총생산(GDP)은 3만 4356달러로 일본의 3만 6485달러까지 따라붙었다. 그러나 우리나라는 아기 울음이 끊긴 자연 양로원으로 변하고 있다. 삶의 질과 관련해서 OECD가 발표하는 각종 수치는 우리를 부끄럽게 한다. 세계에서 가장 낮은 출산율, 가장 낮은 청소년 행복지수, OECD 회원국 가운데 가장 낮은 사회복지, 자살률 1위, 가계부채율 1위, 저출산율 1위, 노인 빈곤율 1위, 저임금 노동자 비율 1위, 노동시간 1위, 산재 사망률 1위, 대학 교육 부담과 공교육 민간 부담 1위, 건강 만족도 꼴찌 등 이른바 '헬조선' OECD 50관왕이 그것이다.

그 이유가 무엇인가? 힐데가르트의 걸작 《세계와 인간》에서 답하고 있다. GMO(유전자조작 작물) 농산물이 부동의 세계 1위인 한국, 이것이 자살율의 원인에 한몫을 하고 있다는 주장이 제기됐다. 또 과학적 자료를 바탕으로 한국인의 사망원인 1위인 암을 비롯해 자폐증, 치매, 당뇨병 등 급증하고 있는 여러 질병과도 관련이 있다는 증거도 제시했다. 한국이 세계 자살률 1위라는 불명예를 얻게 된 원인에는 GMO 작물 제초제에 포함된 '글리포세이트(Glyphosate)' 성

분도 연관됐다고 한 과학자는 설명했다. 해당 성분이 우울증을 유발한다는 것이다. 그는 글리포세이트가 인체에 들어가면 장에서 몸속의 독소 제거와 면역 시스템 강화, 세로토닌 생성에 도움을 주는 세균들(microbiota, 미생물총)을 죽인다며, 결국 '행복호르몬'으로 불리는 세로토닌의 감소가 한국인의 우울증 발병과 자살률 증가라는 도미노 효과를 일으켰다고 설명했다. 또 골수에 축적되면 면역력을 떨어트려 34가지 질병 증가로 나타난다는 것이다.

유전자조작작물은 체액과 인간 몸의 우주적 본성을 파괴하고 있지 않는가? 박테리아의 유선자를 씨에 넣어 놓고 생명체라고 부를 수는 없는 것이다. 생명체를 만든 것이 아니라 생명체 즉 비리디타스를 오염시킨 것이다. 씨앗은 인간이 만든 발명품이 아니라 우주의 진화 가운데서 만들어진 선물이다. 유전지조작 생명체는 기존 생물체 속에 다른 생물체의 유전자를 삽입하여(엄밀히 말하면 유전자 총으로 기존 생명체에 쏘는 것이다.) 이식하는 행위이다. 무분별한 유전자조작(《찬미 받으소서》 130항~134)은 불확실하고 불완전할 수 있으며 뒤죽박죽이다. 특히 글리포세이트는 우리 몸 안에 체액과 비리스타스를 교란할 뿐 아니라 몸 안의 기관과 세포를 파괴하고 유전자를 파괴한다. 특히 독성물질 제거에 장애를 일으킨다. 우리가 유전자조작 재앙을 막지 못하면 이미 광범위하게 소비되고 있는 유전자조작 식품은 선천성 기형으로 우리나라를 쇠멸시킬 것이다.

스트렐로 박사는 "힐데가르트 의학이 서구 세계의 유일한 그리스도교적 자연요법으로 중국인들의 뛰어난 보편 의술, 인도인들의 아유르베다 의술, 그리고 일본인들의 장수법과 견줄 만하다"고 기술했다. 힐데가르트 성녀는 고통을 따로 떼어 놓고 보지 않고, 관찰하고 치료하는 전체적인 방법을 지니고 있었다. 늘 사람의 온 몸과 마음을 바라보고 그 고통의 원인과 출처를 물었던 것이다. 신적인 것, 우주, 신체, 심리 등의 네 가지 통합적인 영역에서 치료가 동시에 일어나기만 한다면, 힐데가르트의 사고방식에 따라 인간은 실제로 치유될 수 있다.

**1) 신성한 영역:** 특히 건강을 비롯해 모든 질병이 인간과 하느님과의 관계와 긴밀하게 연결되어 있다는 것이 곧 힐데가르트의 생각이었다.

**2) 우주적인 영역:** 자연에 대한 힐데가르트의 관점은 소우주 속에 있는 인간과 모든 것을 감싸고 있는 대우주가 일치한다는 데 있다. 이는 주위 환경이 인간에게 의존하듯 인

간 또한 불, 물, 흙, 공기 등의 네 가지 요소의 힘, 자신의 주위 환경에 의존하고 있다는 것을 의미한다.

**3) 신체적인 영역:** 힐데가르트에 따르면 인간의 체액들이 인간 자신을 위한 중요한 혼합 비율의 상태에 더 이상 있지 못할 때 질병이 생기기 마련이라고 한다. 그리고는 체액들이 사실상 질병의 분비액, 환경에서 비롯된 독소, 그리고 심각한 영양결핍에 의해 변화된다고 생각했다.

**4) 심리적인 영역:** 오늘날 의사들이 진단하고 치료할 경우 갈등, 문제, 두려움, 근심, 부정적인 스트레스, 좌절, 그리고 심리적인 다른 부담 등이 때로 심각하기까지 한 신체적 질병을 유발하는 요인일 수 있다는 점에 주목하고 있다. 힐데가르트 성녀에 의하면, 심리적인 질병은 주로 사랑, 존중, 호의, 희망, 부덕 등이 부족함으로써 생겨난다고 한다. 심리적인 고통은 진신의 긴깅상태를 약화시키고, 또다시 저항력을 감소시킨다.

힐데가르트 성녀에 의한 건강을 촉진하는 요리법은 특별하거나 구하기 힘든 식료품도 그렇다고 대단한 요리법을 요구하는 게 아니다. 철저하게 건강한 영양 섭취법은 아주 간단하게 실행하며, 또한 지금까지의 영양 공급과 아주 잘 연관되도록 하는 것이다. 또 지역적이고 계절에 따른 식료품을 유기농으로 사용하는 것이 중요하다. 주로 곡물, 야채, 과일, 약초 등으로 구성된 건강한 요리를 자신의 식단에서 규칙적으로 받아들일 경우 확실히 병을 완화할 수 있거나 또는 일어날 수 있는 병을 예방할 수 있다.

요즘은 요리가 대세이다. 사찰 요리도 인기가 좋은데 힐데가르트식 수도원 요리를 개발하면 좋을 것이다. 딩켈, 셀러리, 밤, 살비아, 백리향, 육두구, 계피 등은 자주 이용해야 하며, 이와 달리 딸기, 뱀장어, 돼지고기, 파, 복숭아는 드물거나 전혀 이용하지 않도록 한다. 생선, 가금류, 그리고 특히 사냥감은 섭취해도 되나 소, 양, 염소와 같은 다른 고기 종류는 오히려 드물게 섭취한다. 힐데가르트의 경우 거의 모든 야채와 과일의 요리를 생식으로는 권하지 않았고, 그녀의 수도원 요리는 끓이고 찌거나 구워서 섭취했다. 그녀가 무와 당근을 비롯해 배추는 위를 채우는 것으로만 보았다. 반면에 버터의 경우 마른 체형과 폐 질환의 경우 강력하게 추천했으되 다른 유제품을 비롯한 우유가 절대적으로 건강한 영양 공급에 속하지는 않았고, 달걀은 매일 그리고 어떠한 경우에도 날것으로 섭취하는 것을 금했다.

힐데가르트는 기름으로 차게 압착한 호두나 아몬드의 기

름을, 식초로는 포도나 나무딸기의 식초를 권했다. 단맛을 낼 경우에는 꿀이나 가공하지 않은 원당을 사용했다. 힐데 가르트는 물, 딩켈 커피, 회향 차 이외에 직접 만든 과일즙 과 레몬수를 비롯해 맥주와 탄산수를 탄 백포도주를 적당 히 권했다. 힐데가르트가 추천한 일련의 식료품이 점차 비 오마켓이나 친환경점 그리고 개량 건강식 전문점 또는 리 폼하우스 마켓 등지에서 구입이 가능해졌다. 딩켈로 만든 완제품도 백리향, 살비아, 회향, 육두구, 흑색 후추, 알피니 아, 처빌, 마늘 등으로 가미한 '힐데가르트-약초 혼합 요 리'를 독일에서는 구할 수 있다.

교종 프란치스코의 '통합 생태론'의 이미지는 우리가 즐 겨 먹은 김치에서도 발견된다. 우리가 김장을 담글 때 서로 다른 재료들을 잘 섞어(remixing) 비비면 새로운 맛이 창조 된다. 이렇듯 우리가 걸어온 역사 속에 실패와 잠재적인 힘 과 힐데가르트 수녀의 영적 전통과 천상 비전을 잘 통합해 야 한다. 힐데가르트 성녀는 오랜 시간와 문화적 거리에도 불구하고 한 시대의 경계를 넘어 '우리 시대를 위한 덕행별 곡'으로 진정한 인간이 되는 일을 할 만한 일이라는 것을 희망하게끔 해 준다. 이것이 네 번째 선물이다.

물론 아직까지 이원론, 인간중심주의 그리고 자연과 분리

하는 초월적 태도로 인해서 상대적으로 자연세계를 적대시
하는 죄와 구원의 전통이 있다. 하지만 동시에 우리의 신앙
전통 속에 면면히 흐르는 힐데가르트 창조 중심의 영적 전
통과 우주적 비전이 현존해 있다는 것도 발견했다. 지금의
종말론적 위기에 필요한 해결책은 어떤 새로운 종교가 아
니라 행성 지구와 인간에 대한 관계에서 힐데가르트 성녀
에게서 배워야 할 예리한 통합적 생태론 영성이다.

# 3부

## 에밀 타케 신부와 통합 생태론

# 왕벚나무의 발견과 제주도의 원조元祖 밀감

식물의 출처에 대해 화제로 떠오르는 대상 중 하나로 왕벚나무가 어디에서 왔는가에 대한 논쟁이 있다. 일본에선 이를 자신들의 자생종으로 생각하고 있었는데, 제주도의 한 선교사가 한라산에서 왕벚나무의 자생지를 발견하여 유럽에 알렸다. 이로 인해 왕벚나무의 출처에 관한 논쟁은 지금도 계속되고 있다. 한라산에서 그 왕벚나무를 발견한 사람은 누구일까?

타케, 에밀 조세프(Taquet, Emile joseph:1873~1952), 파리 외방전교회 한국 선교사로서 세례명은 에밀리오, 한국명은 엄

왕벚나무의 만개 ㅣ 사진 :정재순

택기嚴宅基. 바로 이 사람이 왕벚나무를 발견하고 식물학적인 발견으로 많은 공을 세웠다.

하지만 그에 관한 자료는 너무 적었다. 국민감정 등 다양한 원인으로 자주 회자되는 왕벚나무의 발견자로서만 초점을 맞추어서 신문기사 등에서 왕벚나무를 다룰 때 가끔 언급될 뿐, 다른 부분으로는 거의 언급이 되지 않는다. 그는 왕벚나무 외에도 제주도와 남해안 등지에서 다양한 식물을 채집, 이를 유럽의 학자들에게 알려 상당한 식물학적인 업적을 남겼다. 특히 제주도에 처음으로 온주 밀감을 전파한 인물이기도 하다. 이런 식물학적인 업적 뿐 아니라 선교사적으로도 구한말부터 선교사로 활동하며 신축교안으로 파괴된 제주도의 공동체를 라크루 신부와 함께 되살렸다. 1차 세계대전 당시 빈 교구의 수많은 이들을 위한 목자가 되어 주었으며 후에도 성 유스티노 신학교의 3대 교장으로서의 활동을 하는 등 제주와 남해안 일대를 비롯해 대구에도 수많은 족적을 남겼다. 그러나 지금 그에 관한 자료는 참으로 찾기 힘든 것이 현실이다.

그렇기에 그의 일생을 알고, 그가 식물학자로시 한 업적을 알고자 그의 일적을 모아보게 되었다. 여기서 다루는 것은 그의 사목여정을 통한 그의 일생과 성과로써 이를 통해 당시의 역사를 비추어 보며, 우리가 지나쳤던 가치들에 대해 다시 돌아볼 수 있기를 기대한다.

# 에밀 타케 신부의 선교 여정과 삶

    에밀 타케 신부는 1873년 10월 30일, 프랑스 북부 캉브레 (Cambrai)의 에크(He-ck)에서 탄생했다. 파리 외방 전교회 신학교에서 수학하고 1897년에 사제 서품을 받았다. 사제 서품을 받은 이듬해인 1898년 리굴로(A.P Rigoulot) 신부와 함께 서울에 도착, 부산 초량(현 범일) 본당의 3대 주임을 맡는다. 밀양과 김해, 진주와 거제도, 마산 등에서 선교활동을 하다가 1901년부터는 마산(현 완월동) 본당의 초대 주임을 역임하였다. 이후 1902년 4월에 무세 신부 후임으로 제주도에 임명되어 제주 한논(현 서귀포) 본당의 3대 주임으로 부임한다.

    한논 본당의 주임으로 선교하던 1906년 뮈텔 주교가 제

에밀타케 신부와의 만남 | 사진 : 오지현

주도로 오자 함께 선교활동을 하던 포리 신부와 함께 만난
다. 그때부터 포리 신부와 식물 채집을 시작해 구상나무를
채집하고 단독으로 세 번째 채집을 시작한 1908년 4월에는
관음사 일대에서 왕벚나무를 채집한다. 1911년에는 포리
신부로부터 감귤을 받아 제주도에 최초로 심었으며, 1914
년 전쟁으로 인한 소집 명령으로 대구에 도착한다. 이후 목
포 산정동 본당의 5대 주임으로 부임하여 목포, 무안, 나주,
진도, 장성, 영광, 함평, 해남, 완도 등 전라도 지역에서 선
교활동을 하다가 1922년 8월에 대구 성유스티노 신학교 교

수로 부임하여 사제양성과 식물의 육종을 연구했다.

1928년 10월에는 페네 신부의 뒤를 이어 대구 성유스티노신학교 3대 교장으로 부임, 67세가 되던 1940년 고령으로 교장직을 사임했다. 이후 샬트르 성 바오로 수녀회와 성영회 책임 신부로 활동하였으나 1952년 1월 27일, 대구 신학교 침실에서 심장마비로 임종, 대구 대교구 성직자 묘지에 묻혔다.

그 여정을 살펴본다.


1) 선교사로서 조선에 파견(1873. 7. 30 ~ 1898. 1. 4)

캉브레 교구, 노르 지방, 케누아 지역, 에크에서 1873년 10월 30일 출생했다. 아버지는 이폴리트 타케, 어머니는 안나 위바이유였다[1].

삭발례를 받지 않고 1892년 9월 23일 파리외방전교회 신학교에 입학하여 1897년 9월 27일 사제품을 받았고 조선으로 파견되었다. 1897년 10월 28일 프랑스 파리에서 출발하여 1898년 1월 5일 리굴로(A.P Rigoulot) 신부와 함께 사가미마루호를 타고[2] 서울에 도착한다.

---

1) 파리외방전교회 선교사 열전 - 타케 에밀 조세프
2) 뮈텔 주교 일기 2권 254p

## 2) 영·호남 지역 선교(1898. 1. 5 ~ 1902. 4. 29 혹은 7. 3)

1898~1900년 기간에는 낙동강 서쪽에 있는 경상남도 남부 전역을 담당하였는데, 1898년 4월 2일까지는 부이용 신부 댁에 머물렀던 것이 확인된다.[3] 같은 해 4월부터 부산 초량(현 범일) 본당의 3대 주임을 역임했다. 1898년 5월 1일부터 1899년 6월 2일까지 밀양군과 김해군에서 선교했다. 1899년 6월 3일부터 1900년 5월 2일까지는 진주와 거제도에서, 1900년 5월 3일부터 1902년 7월 3일까지는 마산에서 선교했다.

진주에서 선교를 시작했을 때 진주 도심에 정착하려고 시도했다. 이를 위해 비라실 지역에[4] 집 한 채를 사서 사목활동을 개시하려 했지만 관청과 무뢰배들로부터의 공격 앞에서 포기하지 않을 수 없었다.[5] 그 다음 그는 진주 도심의 변두리로 물러났고, 1901년에는 진주를 포기하고 항구도시 마산에 정착하기로 했다.

그는 영·호남 일대를 사목하면서 눈여겨본 범골 산자락(현 창원시 마산합포구)에 자리를 잡았는데, 이는 마산 완월동

---

3) 뮈텔 주교 일기 2권 278p
4) 뮈텔 주교 일기 3권 299p
5) 파리외방전교회 선교사 열전 - 타케 에밀 조세프

본당의 씨앗이라 할 수 있다. 1898년 개항한 마산은 새로운 문물을 접할 수 있는 도시로 성장하기 시작했다. 덕분에 외국인에 대한 반감도 적어 선교활동에 숨통을 틀 수 있었다. 타케 신부는 경남지역 최초의 신자인 김 달시시오의 집에서 거처하며 초가집을 임시 성당으로 꾸몄다. 이어 1900년 6월 29일 마산본당(현 완월동본당)이 본격적으로 본당으로서의 사목 활동에 돌입한다.[6] 당시 성당이 자리 잡은 범골은 가옥만 몇 채 있는 작은 모습으로 기부를 받았기 때문에 보다 큰 시설을 목표로 한 부지를 얻을 수 있었으나 사제관인 동시에 소성당으로 사용할 조그만 초가에 만족해야만 했다.[7] 타케 신부가 지역 선교활동에 본격적으로 나서면서 당시 신자 수는 1,054명, 예비신자만도 393명으로 늘었다. 완월동 성당의 건축에 대해서는 1898년 진주에 본당을 설립하려고 하다가 술집, 기생집이 많아서 장소가 부적당하다고 판단, 1899년 마산항이 개항되자 마산 오동동 지금 고려호텔 뒤쪽으로 왔다. 여기서 성당 터를 물색하다 산이 있고, 앞이 탁 트인 '범골'에 성당을 지었다고 한다. 이후 1914년에 이곳에 온 목세영 신부가 1928년 중국인을 불러

---

6) http://www.catholictimes.org/view.aspx?AID=235001
7) 파리외방전교회 선교사 열전 - 타케 에밀 조세프

돌로 성당을 지었다.[8] 이렇게 1901년부터 마산(현 완월동) 본당의 초대 주임을 역임하고, 동래, 밀양, 김해, 진주 등지에서도 활동하였다. 이후 뮈텔 주교 일기에 의하면 1902년 4월 20일 제주도에 임명했다고 하고, 제주 천주교회사는 동월 30일에 도착했다고 기록했다.

현재 성지여고 안에 성요셉 성당은 아주 작지만 아름다운 성당이다. 이 성당의 자리는 에밀 타케 신부님이 처음 한국에 도착하여 부산-마산-진주를 방문하면서 사목선교의 거점으로 잡았을 것이다. 성요셉 성당의 처소는 기억의 자리이면서 추억의 자리임에 틀림이 없다. 바로 그 자리에 올라오는 언덕에 왕벚나무들이 아름답게 피고 있다. 2014년 가을에 이 학교를 방문하여 학생들에게 벚나무가 있느냐고 물었을 때 우리들의 포토존 나무라고 일러 주었다. 현재 왕벚나무가 4그루가 있는데 유전자 검사를 의뢰하였다. 이 왕벚나무는 제주도 어느 곳에서 왔을까? 어떤 방법으로 제주도에서 가져와서 심었을까? 혹자는 이렇게 의심할 수도 있다. 여기에 누군가가 일본에서 가져온 개량 왕벚나무 소메

---

8) 가톨릭신문, 2012.02.19. 복음화의 구심점, 본당 - 마산교구 완월동본당, 주정아기자

이요시노를 심지 않았을까하고 폄하할 수도 있다. 내 생각
엔 에밀 타케 신부님이 자신이 한국에 도착하여 온갖 불안
과 두려움 속에서 사목수행을 한 첫 선교지에 분명 한국의
자생지에서 나온 나무 즉 왕벚나무를 심었다고 확신한다.
왜냐하면 그 지역과 지역주민들을 기억했기 때문이다. 에
밀 타케 신부님의 선교지는 거의 비슷한 달동네 같다. 부산
범일동, 마산 완월동, 목포 산정동, 대구 남산동 그리고 제
주도 서귀포 등이다. 가난하고 가난한 지역이었다. 참으로
아쉬운 것은 성요셉 성당 관리가 부실한 것 같고 성당 안에
에밀 타케 신부님의 삶을 소개하거나 성지여고 안에 왕벚
나무의 스토리가 알려지면 좋겠다.


### 3) 제주도 사목(1902. 4. 30 혹은 7. 3 ~ 1919. 6. 6)

앞서 제주도에 발령받았던 무세 신부가 제주도로 돌아가
길 원하지 않아[9] 1902년 4월 20일 뮈텔 주교에 의해 제주도
로 발령이 나게 되고, 1902년 4월 30일 한논 본당 제3대 주
임으로 임명되었다. 타케 신부는 한논에 부임한 지 얼마 안
되어 거처 이전을 계획하였고, 고한문(다윗)의 주선으로 홍

---

9) 뮈텔 주교 일기3권 134p

로烘爐 지역에 대지가 아주 넓은 집 한 채(현 서귀포시 서홍동 204번지)를 매입한 뒤 1902년 6월 17일에서 7월 20일 사이에 그곳으로 거처를 옮겼다. 그런 다음 이 집을 사제관 및 성당으로 개조하였다.[10] 이때부터 타케 신부는 전교 활동을 서서히 재개하여 1904년 5월 초까지 홍로 본당의 신자 수를 101명으로 증가시킬 수 있었으며, 그 무렵에는 정의旌義 지역에도 공소집을 마련하였다. 당시 제주도의 교회는 신축교안辛丑教案 (이재수의 난, 1901)의 영향으로 인해 괴멸적인 피해를 입었었고, 이를 가까스로 회복시킨 것이다.

하지만 교회와 제주 향촌사회 간의 갈등은 아직 남아 있어 천주교회 타파 문서가 나돌거나 반 천주교 결사가 조직되기도 하였다. 이 중 1902년 말 발생한 '양시중 사건'과 '김명필 사건'이 가장 큰 문제였는데 양시중 사건에 타케 신부의 행적이 기록되어 있다.

양시중梁始中 사건은 1902년 6월경 한논에 사는 신자 박재순朴在順이 예촌에 사는 별감 양시중을 때린데 대해, 일본인과 결탁한 통역사 송시백宋時伯이 개입하여 박재순을 구타

---

10) 제주천주교회 100년사 106p

한 데서 비롯되었다. 타케 신부는 이때 일본인들이 천주교회에 대항하고자 의도적으로 사건을 일으킨 것으로 파악하였다.

한편 라크루 신부는 이 사건을 일본인들이 프랑스와의 충돌을 구실로 한국 영토를 점령하고자 한 것으로 이해하였다. 그래서 그는 뮈텔 주교에게 직접 서울의 일본공사관과 담판하여 이 사건을 해결해 주도록 요청하였다. 그러자 제주 목사는 이 사건에 대해 라크루 신부가 주교에게 보고하는 시기를 늦춰 달라고 부탁하였고, 일본인들이 자신들의 잘못을 시인하고 송시백을 감옥에 가두었다고 전해 왔다. 라크루 신부는 이때 홍로 본당의 타케 신부가 자제하지 않았더라면, 교회가 일본인들의 표적이 되었을 것이고, 타케 신부도 온전하지 않았을 것이라고 지적하였다.[11]

신축교안에 있어서의 일본인의 영향이나 이렇게 제주도에서 직접 겪은 일본인과의 충돌 때문인지 1907년 5월 12일 뮈텔 주교 일기를 보면 데예 신부가 보낸 편지에 타케 신부가 열병에 걸렸는데, 그는 일본인 의사라면 무조건 싫어해서 일본인 의사를 부를 수 없었다는 기록이 있다.[12]

---

11) 제주천주교회 100년사 107p
12) 뮈텔 주교 일기 4권 142p

이 열병은 9일에 걸려 20일에 나았다.[13]

1906년 중요한 일이 있었다. 파리 외방전교회의 식물학자 포리(J. Bpt. Faurie, 方 세례자 요한) 신부와의 만남이다. 타케 신부가 언제부터 식물 채집을 했는지는 알 수 없으나, 그에 있어서 포리 신부의 영향은 매우 커 보이고, 실제로 대다수의 기록이 이 날 이후에 나온다. 포리 신부는 1906년 9월에서 11월까지 제주를 방문하여 타케 신부와 함께 식물 채집을 하였다. 다음 해 5월에서 10월까지 포리 신부와 함께 한 두 번째 식물 채집에서는 겨이삭 여뀌(Persic aria taquetii, 한라개승마, Aruncus) 등을 발견하기도 하였다.[14] 이때의 기록이 뮈텔 주교 일기에 있는데, 1907년 7월 12일 일본에서 온 포리 신부는 라크루 신부 집에서 타케 신부를 기다리고 있었다고 한다. 8월 12일 제주도에 방문힌 주교를 만나기 위해 포리, 타케 신부들이 녹초가 되어 저녁 8시경에 도착하였고 13일 포리 신부는 식물들을 말렸다. 16일에는 포리 신부가 채집한 식물들을 우편 소포로 부치고 나서 목포로 갔다

---

13) 뮈텔 주교 일기 4권 145p
14) 제주천주교회 100년사 109p

고 한다.[15] 이를 통해 이들의 식물 채집의 단면을 볼 수가 있다.

1908년 2월부터는 단독으로 세 번째 식물 채집에 나서 4월 15일에 유명한 제주의 왕벚나무(천연기념물 제 156호)를 발견하여 유럽 학계에 보고하였다.[16] 그리고 이것이 가장 대표적인 업적으로서 크게 기록된다.

1909년 6월부터 7월까지 별도로 채집을 수행하기도 했다고 한다.[17]

타케 신부가 뮈텔 주교에게 보낸 서한에서 많은 사실을 알 수 있는데, 모두 18통으로 한논에서 1통, 제주에서 6통, 나머지는 홍로에서 제작되었으며 식물채집과 그 표본을 서양에 보내는 과정, 식물을 팔아 선교비용으로 충당하는 내용 등 제주도의 식물이 서양으로 진출하는 역사가 생생히 기록되어 있다. 이를 통해 1907년부터 본격화되었음을 추측할 수 있다. 제주 체류기간 중 하루 8시간씩 식물조사에 몰두했다고 하며 식물채집과 표본 만들기에 열성적이었다. 뮈텔 주교에게 "식물채집에 푹 빠져 심심할 사이가 없으며

---

15) 뮈텔 주교 일기 4권 180p
16) 제주천주교회 100년사 109p
17) 화산섬, 제주세계자연유산 - 그 가치를 빛낸 선각자들 75p

오히려 심신이 편안하다"라고 보고하기도 했다.[18] 제주 근무 시 서귀포시 서홍동의 복자수도원(현 면형의집)에 기거하며 식물채집을 했다고 한다.[19] 타케의 표본은 유럽으로 보내져서 수많은 논문이 세계 각지에 발표되었으며, 제주도의 식물이 전 세계에 알려지는 계기가 되었다, 그리하여 독일의 케네(Koehne)가 타케의 표본을 왕벚나무의 한 가지 변이종이라는 것을 알아내어 왕벚나무의 자생지가 제주도라는 설이 태어났다. 또한 1907년 5월부터 10월까지의 채집기간에는 포리 신부와 함께 구상나무를 채취하여 알리기도 하였다.

'나비박사'로 유명한 석주명이 1942년《문화조선文化朝鮮》제주 특집란에 기고하기를 "서귀포에서 북쪽 2리에 살고 있는 타케 신부는 기회만 있으면 한라산에 들어가 식물표본을 채집, 구주(유럽)로 보내고 있으며 1908년 4월 14일 관음사 부근(해발 600미터)에 벚나무를 채취, 자신의 채집번호 4638호를 달아서 구주에 보냈다."[20]라고 하면서 선교사

---

18) 화산섬, 제주세계자연유산 - 그 가치를 빛낸 선각자들 73p
19) 화산섬, 제주세계자연유산 - 그 가치를 빛낸 선각자들 77p
20) 화산섬, 제주세계자연유산 - 그 가치를 빛낸 선각자들 75p

이지만 제주도 식물채집조사가로 오히려 유명하다고 평하기도 하였다.

1911년 온주밀감溫州蜜柑을 제주에 최초로 도입했다. 일본의 포리 신부로부터 묘목을 받아서 10여 그루의 감귤을 심었으나 지금은 옛 서홍성당 자리에 한 그루만 남아 있다. 기존에 감귤은 진상제도로 인해 기피 대상이었다. 박영효가 유배 중에 이를 장려했으나 실익을 거두지는 못했다. 그러나 타케가 심음으로써 제주에 온주밀감이 재배 가능한 것이 알려지고 이에 일본인 미네가 1913년 본격적으로 농장을 차리게 된다.[21]

1911년 1월 12일 경상도와 전라도에 독립된 전교지를 세우는 것을 허락 받아 당시 12명의 선교사들에게 투표를 하게 한다. 당시 타케 신부보다 나이가 바로 아래인 드망즈 신부를 기점으로 선교사들의 의견이 나뉘게 된다. 타케 신부를 포함한 연장자 그룹은 프와넬 3표, 드망즈 2표, 샤르즈뵈프 1표로 뮈텔 주교를 뺀 연장자 3위인 55세의 프와넬 신부를 신설 대목구장의 적임자로 보았다. 그러나 드망즈 신부보다 더 젊은 그룹은 드망즈 5표, 두세 1표로 대인관계

---

21) 화산섬, 제주세계자연유산 - 그 가치를 빛낸 선각자들 77~78p

가 좋고 열정적인 35세의 드망즈 신부에게 더 호감을 가졌으며 이에 1911년 4월 드망즈 신부는 주교로 성성 받아 대구대교구 초대 교구장이 된다. 이를 통해 타케 신부는 선교사 중에서 연장자 축에 들며 역시 그런 쪽을 반영하는 투표를 했음을 알 수 있다.[22] 1911년 대구대교구의 신설에 따라 제주도와 타케 신부는 거기에 소속되었다.

제주에서 라크루 신부와 타케 신부의 노력으로 교안으로 초토화된 제주도의 교세가 확장되고 있었으며 학교를 건립할 계획을 세워 라크루 신부의 주도로 신성여학교가 건립되기도 히였다. 1907년 8월에 뮈텔 주교의 방문에 이이 대구교구의 초대 교구장 드망즈 주교가 1911년 10월 두 번째로 제주를 방문한다. 이렇게 사목 순방이 이어지는 등의 성장 기세가 보이고 라크루 신부나 타케 신부가 큰 어려움을 토로한 기록이 없다는 점으로 보아 적어도 제1차 세계대전이 발발한 1914년 이전까지만 하더라도 제주 교회는 질적으로나 양적으로 괄목할만한 성장세를 보였던 것 같다. 그러나 세계대전이 일어난 뒤 프랑스로부터 전교 후원금이 줄어들면서 선교사들의 활동은 위축될 수밖에 없었고, 게

---

22) 천주교 대구대교구 100년사 91p

다가 젊은 선교사들이 전쟁에 소집되면서 목자를 잃게 되는 본당들이 생겨나기 시작하였다.

일부 선교사들의 전쟁 소집은 한국 천주교회 전체에 사제 부족을 가져다주었다. 이제 그대로 한국 땅에 남아 있게 된 선교사들과 한국인 성직자들은 부담이 클 수밖에 없었고 선교의 성장세 역시 1~2년 사이에 크게 위축되게 된다.[23] 당시 홍로 본당의 타케 신부는 전쟁 직후 프랑스로부터 소집 명령을 받고 제주를 떠나 1914년 8월 15일에는 대구에 도착하였으나 그 해 11월에 소집 연기를 받았으며, 이듬해 3월에는 징집 면제를 받았다. 하지만 라크루 신부는 1916년 5월에는 결국 소집 영장을 받고 프랑스로 귀국해야만 하였고, 전쟁이 거의 끝난 1918년 초가 되어야 다시 한국에 돌아올 수 있었다.

당시 뮈텔 주교 일기에는 이에 대해 간략한 기록이 나온다. 1914년 주교들은 프랑스 대사관에서 징병 대상자에 대한 보고를 받았고 이에 대한 건강 검진으로 대상자는 계속 변동이 있었는데 8월 8일 타케 신부는 소집 대상자였다.[24] 이로 인하여 타케 신부는 제주도를 떠나 육지로 올라와야

---

23) 제주천주교회 100년사 127p
24) 뮈텔 주교 일기 5권 340p

했다. 몇 차례 연기된 끝에 1915년 3월 2일 타케 신부는 병역이 면제되었다.[25] 하지만 10월 16일 돌비앙(Dolbien)법의 적용 규정을 검토한 사람들이 그에게 지적한 것처럼 프와요 신부와 대구의 타케, 베르몽, 뤼카 신부들 역시 다시 징병검사를 받아야 했다.[26] 11월 5일 재검역으로 타케, 베르몽, 뤼카 신부들은 병역이 면제된다.[27] 이렇게 징병으로 많은 선교사들이 본국으로 징병되자 드망즈 주교는 공석이 된 본당들의 성직자 부족을 메우기 위해 여러 차례 인사이동을 단행하였다.[28]

타케 신부를 목포 산정동 본당의 5대 주임으로 임명시켰고, 1916년 5월 27일에 다시 교구인사를 단행시켜 제주와 홍로 본당의 주임 신부가 임명되지 않음으로써 공석으로 남게 되었으며, 목포 산정동 본당의 타케 신부가 1년에 두 치례 제주를 방문하여 이곳 신자들을 돌보게 되었다. 이에 대해 드망즈 주교가 1917년 남긴 보고서를 보면 "1916년 전부터 두 선교사에 의해 복음화 되어 온 제주도는 포기해야만 했습니다. 수녀들에 의해 운영되면서 번창했던 학교

---

25) 뮈텔 주교 일기 5권 397p
26) 뮈텔 주교 일기 5권 458p
27) 뮈텔 주교 일기 5권 462p
28) 제주천주교회 100년사 128p

(신성여학교)는 문을 닫아야만 했습니다. 목포의 주임 타케 신부는 (제주) 두 곳의 사제관이 다시 주인을 맞아하게 될 먼 훗날을 기다리며 1년에 두 번 이 큰 섬의 교우들을 방문하러 갑니다."라고 하였다.[29] 이렇게 제주와 홍로의 제주교회는 1916년 5월 이래 10년 동안 공소 시절을 맞이하고 타케 신부가 이 지역을 순방하나 신자들이 경제적 어려움으로 일본으로 이민하기도 하였다.[30]

### 4) 남해안 지방 선교(1915. 6. 7 ~ 1922.)

위와 연도가 달리 나온 파리외방전교회 선교사 열전에 따르면 1916년 제주도를 떠나 조선 서남부 목포시 산정동 본당의 5대 주임으로 전임되었고, 그 지역의 수많은 섬들도 담당하게 되었는데 그중 가장 넓은 것은 제주도였다. 그는 목포에서 제1차 세계대전에 징집된 카넬(Canelle) 신부의 후임이며 마찬가지로 징집된 카다르(Cadars) 신부가 재임했던 본당도 담당했다. 타케 신부는 뭍과 섬에 있는 수많은 공소들을 여행하는데 많은 시간을 보냈다. 그는 홍로 본당과 계량 본당에서도 사목을 계속 담당하였으며 진도, 장성, 영

---

29) 제주천주교회 100년사 129p
30) 제주천주교회 100년사 133p

광, 함평 등지에서도 전교 활동을 벌여나갔다.[31]

1919년 나주 계량 본당의 카다르 신부가 전쟁에서 돌아옴으로써 타케 신부는 무거운 짐의 일부를 내려놓게 되었다. 카다르 신부가 장기간 부재함으로써 노안과 나주의 신자들에게는 재난이 초래될 수 있었지만 타케 신부의 노력으로 별다른 피해가 없었고, 그 본당에 설립된 지 얼마 안 된 공소들은 신실한 채로 유지되었다. 제주도에서 여러 개의 공소가 사라졌지만 타케 신부는 그의 옛 서홍리본당('한논'이라 불리기도 한다)에 대해 만족할 수 있었는데, 거기서는 매일 밤 신자들이 공동기도를 바치고 교리문답을 공부했다.

이 기간에도 식물채집을 하여 학계에 보고하고, 채집한 식물을 유럽의 식물 박물관에 보내는 등 식물 생태 조사에서도 두드러진 업적을 남겼다. 그로인해 그의 이름을 딴 드리옵테리스 타케티(Dryopteris Taqueti) 또는 로제 타케티(Rose Taqueti), 디프라지움 타케티(Diplagium Taqueti)와 같은 식물들을 채집하여 알렸다.[32]

처음 에밀 타케 신부님과 대구 남산동 성모당의 왕벚나무 스토리를 알면서부터 에밀 타케 신부님의 사목 여정과 삶

---

31) 한국 가톨릭 대사전 8612p
32) 파리외방전교회 선교사 열전 - 타케 에밀 조세프

을 추적하기 시작하였다. 부산의 범일동에서부터 마산, 제주도 서귀포와 목포 그리고 나주의 노안본당에 이르기까지 무려 3차례 이상이나 답사를 다녀왔다. 목포 산정동 성당에서는 그 당시 지역이 성지개발 관계로 왕벚나무의 흔적을 찾을 수가 없었다. 도무지 자료가 부족하여 주로 에밀 타케 신부님이 거쳐온 본당을 중심으로 신부님의 발자취를 찾아보았다. 본당의 역사, 본당의 세례대장, 본당의 기념 책자를 통해서 신부님의 행적을 조사하는 것을 1차적인 목표로 삼았다. 나주 지역의 노안본당에서는 상당히 적지 않은 자료를 찾아내었다. 우선 신부님이 여기에 임시로 본당신부로 재임할 때 기록된 혼인문서와 견진성사 문서에 신부님의 사인을 확인하였다. 이 문서는 적어도 에밀 타케 신부님이 이 노안본당에서 1919년 전후로 사목하였다는 증거가된다. 놀라운 것은 이 본당에 왕벚나무가 10그루 이상이나 현존하고 있었다. 오래된 왕벚나무도 있었다. 정말 놀라운 사실이다. 이 본당에 교우들은 왜 여기에 왕벚나무가 있었는지 아무도 몰랐다. 난 우선 광주대교구에 알렸다. 왕벚나무 잎을 떼어서 유전자 검사를 하였다. 마산 완월동에서와 같이 여기 노안성당에도 왕벚나무를 심었던 것이다. 왜냐하면 이 마을 주위에 혹은 나주 주위에 이 만큼 오래되고 아름다운 왕벚나무는 찾아 볼 수 없기 때문이다.

일부 학자들이 에밀 타케 신부의 왕벚나무를 두고 엽록체 염기서열을 통한 야생 왕벚나무와 재배 왕벚나무의 계통학적 비교를 하는 저의를 이해할 수 없다. 재배된 교배종이 어떻게 어디에서 나타나게 된 것인가에 대하여 광범위한 연구를 하였으나 현재까지 명확한 결론은 없었다. 이에 야생 왕벚나무의 재배된 교배종의 근원을 찾기 위한 노력이 있었지만 아직까지 정확한 어머니 나무가 확인되지 않는 실정이다. 에밀 타케 신부님이 가는 곳마다 보이는 왕벚나무는 어디에서 온 것일까? 소메이요시노인가? 참으로 순수한 왕벚나무인가? 이 왕벚나무 정체성의 규명이 필요하다. 소메이요시노와 왕벚나무는 전혀 다르다. 에밀 타케 신부님의 왕벚나무를 찾고 지켜야 한다.

5) 유스티노 신학교 시기(1922. 8. 혹은 10. 2. ~ 1945. 5. 8)

1922년 성 유스티노 신학교에서 교수로 일하는데 이에 대해서는 가톨릭 대사전에는 8월이라 하고 다른 기록에서는 10월 2일[33]부터라 한다. 파리외방전교회 선교사열전에

---

33) 화산섬, 제주세계자연유산 - 그 가치를 빛낸 선각자들 78p

서는 1922년 9월, 그는 목포와 대구대목구의 서부지역을 떠나 대구대신학교 교수로 임명되었다고 한다.(성 유스티노 신학교는 1922. 9. 18부터 예비반을 받았다.) 여기서 사제의 양성뿐만이 아닌 식물의 육종育種과 개량도 연구하였다.[34] 1936~1937년 사이의 기록을 보면 동료 신부의 죽음으로 인한 출관이나 마지막을 지켜주었던 기록이 있다.[35] 그리고 1928년 10월

성 유스티노 신학교 전경

23일 페네 신부의 뒤를 이어 3대 교장으로 취임하였다. 그러나 1940년 7월 그는 대신학교 교장직이 그에게 너무 무겁다고 판단하여 그 직을 면해줄 것을 요청했고, 1940년 6월 25일(가톨릭 대사전은 7월) 67세의 고령으로 물러나 교장직을 4

---

34) 한국 가톨릭 대사전 8612p
35) 다시읽는 드망즈 주교 일기
    http://www.catholictimes.org/category.aspx?ACID=452

대 이동헌 신부에게 넘긴다. 이후 학교에서 교수로 1942년까지 교육을 계속했고,[36] 샬트르 성 바오로 수녀회와 성영회 책임 신부로 활동하였다.[37] 하지만 학교는 1945년 3월 9일 폐교했고, 타케 신부는 1945년 5월 8일 대구 동구 대명동 2435번지에서 은거했다.[38]

## 6) 그 이후

1948년 조선의 선교사들이 신설 대전지목구로 재편성될 때 그는 대구에 남았다. 그는 75세의 노령에도 건강상태가 좋았으나 청각 장애가 시작되었다. 그는 자신이 교장을 지낸 신학교 별관에 무세(Mousset) 주교, 뤼카(Lucas) 신부와 함께 거주했는데, 이 신학교는 1944년 일제의 압력으로 폐교해야만 했고 1945년 독립을 되찾은 후에도 다시 문을 열 수 없었다. 뤼카 신부를 대신하여 샬트르 성바오로 수녀회와 그들이 돌보는 고아들의 지도 신부직을 맡기도 하였다.

1950년 6월 북한공산군이 남침하여 별다른 저항 없이 진

---

36) 파리외방전교회 선교사 열전 - 타케 에밀 조세프
37) 한국 가톨릭 대사전 8612p 다만 이후의 행적을 보면 이때 샬트르 성 바오로 수녀회에 참여한 것이 아니라 보여진다.
38) 화산섬, 제주세계자연유산 - 그 가치를 빛낸 선각자들 78p

격했고 그해 8월에 대구가 위협을 받게 되자 뤼카 신부와 함께 포항 해변에 자리 잡은 델랑드(Deslandes) 신부가 창립한 수녀원으로 피난을 갔다. 인근의 작은 하천 남쪽을 최전선으로 하여 한 달 동안 치열한 전투가 전개되었다. 마침내 서울에서 멀지 않은 인천에 유엔군이 상륙한 후 북한공산군은 북으로의 퇴로가 완전히 끊어지기 전에 후퇴를 서둘렀다. 그래서 타케 신부는 옛 신학교에 다시 살기 위해 10월 1일 대구로 돌아올 수 있었다. 그는 침구, 의류, 그리고 그 밖의 물품 모두를 빼앗겼다. 모든 것을 징발했는데 공산군에게보다는, 옛 신학교 건물에 병영을 설치했던 국군들에게 당했다.[39] 한국전쟁 때 몸이 많이 좋지 않았다는 말이 있고, 이 병으로 선종하게 된다.[40] 1952년 1월 27일 대구 신학교 침실에서 심장마비로 임종, 천주교 대구대교구 남산동 성직자 묘지에 묻힌다.

그의 식물 표본들은 각국에 있지만 한국에 소장된 자료들은 1964년 12월 15일 오전 화재로 대구 천주교 주교관 내

---

39) 파리외방전교회 선교사 열전 - 타케 에밀 조세프
40) http://hosting03.snu.ac.kr/~quercus1/zb41pl8/bbs/view.php?id=nature2&page=1&sn1=&divpage=1&sn=off&ss=on&sc=on&select_arrange=hit&desc=desc&no=252&PHPSESSID=00d44a3fa0e62c9a8ecece4cedf3a293ebd1b0aa

도서관에 보관 중인 표본과 식물학 분류 자료들이 소실 되게 된다.[41]

나는 적어도 두 가지 사실을 발견하였다. 발견 즉 재발견이다. 우선 에밀 타케 신부님의 묘가 대구 남산동 성직자 묘지 안에 있다는 사실이다. 지금까지는 우리 즉 가톨릭은 에밀 타케 신부님의 묘지가 대구 성직자 묘지에 현존해 있다는 사실을 거의 몰랐고, 신부님의 분류 식물학의 업적을 몰랐고 그냥 지나쳐 버렸다. 나 역시 5년간 남산동 교구청에서 근무하였지만 전혀 생각하지 못했다. 두 번째 발견된 사실은 남산동에 적어도 에밀 타케 신부님이 심었던 왕벚나무가 3그루 이상이나 된다는 것이다. 분명히 지역 주민의 구전으로는 에밀 타케 신부님이 늘 왕벚나무라고 소개하였다고 하고, 태풍이 와서 한 번 부러졌고, 나무의 상태가 좋지 않아 막걸리도 부어 주었다는 사실이다. 나이테 검사도 하고 유전자 검사도 하였지만 더 중요한 것은 노안성당이나 완월동 성지여고 왕벚나무처럼 에밀 타케 신부님이 심었다는 역사적 사실이다. 위안부 문제처럼 왕벚나무도 우리의 이름 없는 피해자이다.

---

41) 화산섬, 제주세계자연유산 - 그 가치를 빛낸 선각자들 77p

좀 더 자료를 찾아 구명해 봐야 할 사실들이지만 생물학적인 정체성을 찾는 것도 하나의 과업이다. 왜 이 나무가 여기에 있고 저기에 왕벚나무가 있지 않은지 말이다. 왜 하필 여기에 왕벚나무가 있었는지도 우리가 살펴봐야 한다. 이 나무가 제주도 토종산인지 아니면 일본에서 건너온 소메이요시노 개발용인지 따지기에 앞서 유스티노 신학교, 서상돈의 국채보상운동, 삼일절 만세사건, 일제에 의한 유스티노 신학교 강제 폐교 등 에밀 타케 신부님은 일제강점기를 살아오신 분이시다. 적어도 30년간 에밀 타케 신부님이 거주했던 남산동의 유스티노 신학교는 역사적 사실이다. 왕벚나무가 왜 여기에 있는지를 웅변적으로 증거해 준다고 본다. 나는 2016년 2월에 영남대 생명과학과 박선주 교수와 함께 제주도 한라산 봉개리 왕벚나무 잎을 채취하였고 그리고 나주 노안 성당의 왕벚나무의 잎도 채취하였다. 더 나아가서 마산 완월동 성지여고와 대구시 남산동 왕벚나무를 채취하여 유전자 분석을 시도하였다. 아주 재미있는 결과가 나왔다.(2016년 9월 2일 생태포럼 결과 발표) 제주도, 노안, 마산 그리고 대구의 왕벚나무들이 한 형제라는 것이다. 그러면 이 왕벚나무들이 참으로 순수한 에밀 타케의 나무들인가? 아니면 왕벚나무가 아닌 소메이요시노인가? 혹시 완전하게 왕벚나무는 자가불화합성으로 소메이요시노와 교접해 버렸는가? 타케 신부님이 발견한 순수한 왕벚나무는 멸종되었는가? 우리가 소메이요시노를 보고 왕벚나무로 착각하는가? 우리 에밀 타케 신부님의 왕벚나무를 지키고 찾아내어서 오로지 한국의 자생 토종 왕벚나무 명소나 동산을 만들었으면 좋겠다.

# 한국 식물분류학의 대가 에밀 타케 신부[42]

타케 신부의 식물 채집은 1907년부터 본격화된 것으로 여겨지고 있고 이에 대해서는 동료 신부이자 식물학자인 포리 신부의 영향이 크다고 추측된다. 타케 신부는 1902년 ~1915년까지 제주도에서 선교하였는데 이때에 한국식물분류학에 획기적인 업적을 남겼다고 보고 있으며, 채집한 표본들은 선교사업에 충당했을 것이라 여기고 있다.

타케 신부의 식물채집을 기록이 있는 것을 따라 정리해

---

42) 이부분은 대부분이 화산섬, 제주세계자연유산 - 그 가치를 빛낸 선각자들 의 요약이다.

보면

1906. 9. ~ 11. : 포리 신부와 식물 채집을 시작

1907. 5. ~ 10. : 포리 신부와 두 번째 식물 채집, 구상나무 채집, 겨이삭 여뀌(Persic aria taquetii, 한라개승마:Aruncus) 등을 발견

1908. 2. 단독으로 세 번째 채집 시작 4월 14일 관음사 일대에서 왕벚나무 채집

1909. 6. ~ 7. : 식물채집

으로 이들은 전부 제주도 채집에 관련된 〈제주천주교회 100년사〉의 기록인데 물론 이것이 전부가 아니고 제주도 이외에서도 채집활동은 활발하게 해서 〈한국 가톨릭 대사전〉에 의하면 "마산, 진도, 장성, 영광, 함평 등지에서 사목활동 중 식물들을 관찰하여, 이를 학계에 보고하고, 채집한 식물을 유럽의 식물 박물관에 보내는 등 식물 생태 조사에서도 두드러진 업적을 남겼다."고 한다. 성 유스티노 신학교에서도 사제양성과 더불어 식물의 육종育種과 개량을 연구했다는 기록이 있으며, 〈파리외방전교회 선교사 열전〉에서도 목포 이후의 기간에 드리옵테리스 타케티(Dryopteris Taqueti) 또는 로제 타케티(Rose Taqueti), 디프라지움 타케티(Diplagium Taqueti) 같은 식물들을 발견했다고 기록하고 있다.

타케 신부가 채집한 영역은 제주도 한라산을 주축으로 뒤에 사목활동을 한 남해안이 포함되며 지리산과 백두산의 식물도 언급되기도 한다.

타케 신부가 보낸 표본들은 나카이 타케노신(일본), 오거스틴 아벨 헥토르 레빌레(프랑스), 칼 프레데릭 알버트 크리스텐(덴마크), 콘라드 헤르만 하인리히 크리스트(스위스), 아킬레 유진 피네트(프랑스), 카밀로 칼 슈나이더(독일) 등의 당대 유명한 식물학자들에 의해 연구되었다. 여기에 대해서는 〈화산섬, 제주세계자연유산 - 그 가치를 빛낸 선각자들〉에서 상세히 나온다. 이를 참고하면 나카이는 제주에서 직접 채집도 하고 타케 신부 집에 머물며 그의 표본도 보았다. 조선총독부 촉탁으로 많은 자료를 발표하였으나 일제의 관료로서 한국 산림자원의 수탈을 위한 핵심 조사원 역할을 했음을 부인할 수 없다. 오거스틴 아벨 헥토르 레빌레는 타케 신부와 같은 성직자이면서 식물학자인 인물로서 타케와 포리를 비롯한 많은 표본을 연구하고 기재하였다. 칼 프레데릭 알버트 크리스텐은 양치식물의 전문가로 제주식물에 대해 타케 신부의 표본을 기초로 양치식물을 주로 연구하였다. 아킬레 유진 피네트는 난초과를 전공하였는데 제주도 식물을 다수 연구하였고 그중 두잎감자난초를 명명한 것으로 유명한데 이는 1907년 포리 신부가, 1908년에는 타케 신부가 채집한 것이다. 카밀로 칼 슈나이더는 수목학자로 작가 등 다양한 활동을 하였다.

타케 신부는 제도권 교육을 받은 식물학자는 아니었지만 많은 식물을 채집하여 위와 같은 많은 식물학자에게 제공함으로써 제주의 식물이 근대 학문의 재료가 되었고, 결국 학계에 알려져 제주의 식물을 전 세계에 알리는 계기가 되었다. 왕벚나무의 사례처럼 제주의 식물들이 제주 특산임을 알려주는 업적을 세웠다. 하지만 한국의 식물자원을 유럽으로 유출시켰다는 부정적인 시각이 있음을 간과할 수는 없다.

이렇게 타케 신부는 채집으로 많은 공을 세웠고 그 공로를 기념해 그의 이름을 이용해 지은 학명은 총 13종으로 섬잔대(Adenphora taquetii Leveille), 한라부추(Allium taquetii Leveille et Vaniot), 왕밀사초(Carex taquetii Leveille), 두메담배풀(Carpesium taquetii Leveille), 섬잔고사리(Diplazium taquetii C. Christensen), 반들고사리(Dryopteris taquetii C. Christensen), 갯취(Ligularia taquetii Nakai), 좀갈매나무(Rhamus aquetii Leveille), 제주

가시나무(Rosa taquetii Leveille), 사슴딸기(rubus taquetii Leveille),
해변취(Saussurea taquetii Leveille et Vaniot), 한라꿩의 다리
(Thalictrum taquetii Leveille), 뽕피나무(Tilia taquetii C. K. Schneider)
등이 있다.

# 에밀 타케 신부의 업적 재조명

타케 신부는 제주도에 온주밀감을 알렸다. 이 때문에 이를 기념하여 제주도에 온주밀감 100주년 기념행사가 계획되기도 하였지만 일본에서 건너왔다는 이유와 그 이전에도 감귤 재배가 있었다는 것이 문제가 되어 결국 무산되었다.

이렇게 선교사들이 한국에 선교를 하면서 동시에 많은 지식을 전달하였는데 타케 신부의 사례와 유사한 것으로 포도와 양봉을 들 수가 있다.

포도는 1901년 안성천주교회 초대 신부였던 프랑스 출신의 안토니오 공베르 신부가(프랑스어로 앙투안 공베르) 모국에서 가져온 20여 그루의 포도를 시작으로 한국에서 재배가 시작되었는데, 그는 타케 신부와 같은 파리외방전교회 소속이다. 이에 대한 상세한 이야기는 문화방송 텔레비전에서 '안토니오의 포도' 라는 제목으로 한 시간짜리 다큐멘터리가 제작되기도 하였다. 앙투안 공베르 신부(Antoine Gombert · 1875~1950)의 고향은 프랑스 남부 캄블라제. 앙투안 신부는 1900년 10월 2살 아래인 동생 줄리앙 공베르(Julien Gombert)와 함께 선교사로 한국에 파견됐다. 앙투안 형제의 첫 부임지는 안성. 이 도시엔 당시 단 한 명의 한국인 신도가 있었다. 앙투안 신부 형제는 안성에 천주교 성당(현재 안성 구포동 성당)을 짓고 50년 동안 조선인들을 도우면서 이들을 교육했다.

앙투안 신부는 1914년 프랑스로 잠시 귀국했다가 4년 후 한국에 되돌아왔다. 그는 이때 와인과 성경책 등 500여 권을 한국으로 가져왔다. 자비에는 "공베르 신부가 프랑스에서 포도나무를 가져간 것은 미사용 포도주를 조달하려는 목적이 있었겠지만, 가난한 조선인 농민들에게 제공하려는 뜻이 더 컸을 것"이라고 말했다.

앙투안 신부는 한국전쟁 중 납북돼 1950년 11월 12일 '죽음의 행진' 끝에 압록강 인근에서 추위와 배고픔으로 사망

했다.[43]

양봉의 경우는 1904년에 독일에서 양봉을 공부하고 돌아
온 윤신영에 의해 시작되었고 양봉지침서《실험양봉實驗養
蜂》을 저술했다고 하나 본격적인 시작은 독일인 쿠겔겐
(Canisius Kugelgen-한국명 구걸근:具傑根 1884~1964) 신부가 선교사
업의 하나로 양봉을 하면서 시작되었다. 왜관수도원에서
교육교재인《양봉요지養蜂要誌》가 발견되기도 하였다. 쿠켈
겐 신부는 성베네딕도회의 수도사로 1911년 4명의 독일 신
부 빛 1명의 수사와 함께 중국과 일본, 부산을 거쳐 서울 백
동수도원에 왔다가 1954년 독일로 귀환했다고 한다.

구한말에서 일제강점기를 거쳐 한국전쟁에 이르기까지
타케 신부는 그 시대를 직접 관통하며 신자들에게 좋은 목
자가 되는 동시에 식물학자로서의 업적도 남겼다. 비록 일
제강점기의 순응적이었던 교회의 문제나 식물표본을 보냄
으로 인한 한국 식물자원의 유출의 문제를 간과할 수는 없
다. 하지만 그럼에도 불구하고 1차 세계대전으로 인해 빠져

---

43) http://news.khan.co.kr/kh_news/khan_art_view.html?artid=20070204
1827151&code=100100

나간 선교사들의 몫을 다하며 여러 곳에서 사목을 펼쳐 신
자들을 안정시키고 이끌어 준 것과 한국의 식물을 알려 다
양한 식물의 존재를 알리고 왕벚나무 등의 원산지가 한국
임을 알게 한 것은 충분히 큰 가치가 있고 그 시대의 업적
으로 부족함이 없다고 생각된다.

이러한 타케 신부의 행적은 많은 이야기로 문화적으로 외
교적으로도 통합적으로 재창조 될 수 있다고 생각된다. 왕
벚나무를 통한 지금의 이야기에서 더 나아가 크리스마스
트리로 자주 쓰이는 구상나무의 발견과 관련하여 포리 신
부와의 이야기로 식물학자들에 대한 사람들의 관심을 끌어
낼 수 있다. 또 온주밀감과 관련하여 스토리텔링이나 캐릭
터로서의 접근도 생각해 볼 수 있을 것이다. 그리고 비슷하
게 선교사를 통해 전래된 포도와 양봉과의 연계 역시 좋은
이야기를 만들어 낼 수 있다고 생각된다. 또한 성 유스티노
신학교의 3대 교장으로서 유스티노 신학교를 전신으로 두
고 있는 대구가톨릭대학에서 학교의 상징적인 인물 중 한
명으로서 연구가 가능할 것이라는 생각도 든다. 또 한 가지
는 에밀 타케 신부님의 위대한 업적은 대구시 중구 근현대
역사의 매우 중요한 글로컬(Glocal)문화 자산이라 생각한다.

1922년 대구 사목에서 선종에 이르기까지 에밀 타케 신부님의 족적이 대구시 중구에 고스란히 남아 있는 셈이고, 이는 중구의 소중한 역사문화자산이자, 우리나라의 문화적 자존감 내지 정체성을 해외에 알릴 수 있는 위대한 스토리텔링의 근원지이기도 하다. 타케 신부님의 업적은 '김광석 거리'의 김광석과 감히 비교할 수 없는 값진 자산이다.

짧지만 3년 동안 에밀 타케 신부님의 다양한 연구와 시도가 이루어졌다. 2016년 4월 에밀 타케 신부님의 '왕벚나무 통합 생태론' 컨퍼런스와 9월 에밀 타케 생태 포럼(에밀 타케 신부님의 왕벚나무 형제들), 12월 '에밀 타케 신부님을 만나다'라는 주제로 대구 범어 대성전에서 정미연 화가의 종교화 전시회, 2017년 에밀 타케 왕벚나무 사진 공모 전시회, 대구 중구청 근대화 골목 투이에 에밀 타케 신부님과 '왕벚나무 테마 투어'도 이루어졌다. 에밀 타케의 작은 '박물관과 식물원'도 창안되기를 바라면서 여기에 담긴 글들이 그를 위한 불씨가 되기를 기대한다.

우리 시대에 가장 중요한 통합적 미션은 순수한 에밀 타케 왕벚나무 새 품종을 개발하여 소메이요시노를 대체하는 '왕벚나무 심기 운동'을 벌이는 것이다. 왜냐하면 내일 지

구에 종말이 온다하더라도 스피노자뿐만 아니라 우리 모두
한 그루의 왕벚꽃을 심어야 하기 때문이다.

## 참고문헌

· 최석우,《뮈텔 주교 일기 2》, 한국 교회사연구소, 1993

· 최석우,《뮈텔 주교 일기 3》, 한국 교회사연구소

· 최석우,《뮈텔 주교 일기 4》, 한국 교회사연구소, 1998

· 최석우,《뮈텔 주교 일기 5》, 한국 교회사연구소, 1998

· 김성태,《뮈텔 주교 일기 6》, 한국 교회사연구소, 2002

· 김성태,《뮈텔 주교 일기 7》, 한국 교회사연구소, 2008

· 김성태,《뮈텔 주교 일기 8》, 한국 교회사연구소, 2008

· 제주교 천주교구,《제주 천주교회 100년사》,
  도서출판 빅 벨, 2001

- 천주교 대구대교구, 《천주교 대구교구 100년사》, 분도출판사, 2012
- 유철인 외, 《화산섬, 제주세계자연유산 - 그 가치를 빛낸 선각자들》, 온누리디앤피, 2013
- 김정우, 《성 유스티노 신학교 1914-1945》, 홍익포럼, 2013
- 타케, 〈한국 가톨릭 대사전〉, 한국교회사연구소, 2006
- 타케 에밀 조세프, 〈파리외방전교회 선교사 열전〉, 내포교회사연구소 http://www.djhistory.org/
- 다시읽는 드망즈 주교 일기, 〈가톨릭 신문〉 http://www.catholictimes.org/
- [한국교회 선교의 뿌리를 찾아서] 복음화의 구심점, 본당 - 마산교구 완월동본당, 〈가톨릭 신문〉, 2012. 02. 19. http://www.catholictimes.org/view.aspx?AID=235001
- 돌마다 깃든 신앙 80년 지나도 그 마음 그대로, 〈http://www.idomin.com/〉, 2011.10.12 http://www.idomin.com/?mod=news&act=articleView&idxno=360805&sc_code=2095289563&page=&total
- [제주 세계유산을 빛낸 사람들]제4부 타케의 제주식물 재발견 (상)(하), 〈한라일보〉, 2009. 09. 16. http://www.ihalla.com/read.php3?aid=1253026800309164186
- 〈서울대학교 수목학 연구실 홈페이지〉 http://hosting03.snu.ac.kr/~quercus1/

# 4부

프란치스코 교종과 통합 생태론

# 생태 회칙 〈찬미 받으소서〉

우리는 매일매일 인터넷 뉴스를 통하여 제주도 강정 마을 해군기지 현장에 봉헌하는 미사와 밀양 송전탑 건설 반대 연대 투쟁 소식 그리고 성주 사드 연대 미사를 듣고 있다. 그리고 삼척과 경주에서 탈핵 평화에 투신하는 소수 사제들의 투쟁을 보면서도 그 '대결적 양상'에 교회는 때론 무관심한 태도를 보이기도 한다. 2000년과 2002년 구제역, 2003년과 2004년 조류독감 그리고 2008년 광우병 사태에서 우리 교회가 보여준 바와 같이, 2017년의 죽음의 닭들, 육식, 곤충, 동물복지에 대한 우리 교회의 '윤리적 언어'가 보이지 않는다.

특히 2010년 '생명문제와 4대강 사업에 대해서' 주교단의 입장이 나왔을 때, 주교단 안에서조차 서로 다른 입장을 내놔 신자들이 혼란스러워했다. 같은 해 '환경에 대한 한국 천주교 주교회의 지침서'가 나왔지만 사목현장에서는 '생태교육과 연대의 실천' 면에서 효력이 거의 없었다. 2011년 3월 일본 후쿠시마 핵발전소 사건 이후에도 '한일주교단의 리더십'은 찾아보기 힘들다. 지난 10년 동안 이명박 정부와 박근혜 정부에서 생태와 환경의 가치로부터 역방향을 달려도 너무 달렸다.

교종 요한 바오로 2세 1990년 1월 1일, 세계 평화의 날 메시지 '창조주이신 하느님과 창조물과 평화, 창조물과 평화'란 담화와 2010년 교종 베네딕도 16세의 '평화를 이룰려면 창조물을 보호하라' 담화에 이르기까지 20년 동안 생태에 대한 교회의 통합적인 접근과 생태적 유산, 다양한 목소리에도 불구하고 각 교구나 본당의 실천적 신앙생활에는 왜 통합되지 못하는 것인가? 위에 제시한 몇 가지 사태에서 보더라도 우리 교회는 신속한 회개와 생태적 책임감을 보이지 않고 있다. 2015년 교종 프란치스코가 낸 회칙 〈찬미받으소서〉에서 우리 교회에 던진 화두 '통합 생태론'이 교회현장에서 실현되기에는 시간이 걸릴 것으로 보인다. 하지만 이 회칙이 가톨릭 생태운동의 기폭제가 될 것이다.

1990년부터 나는 최초의 환경전담신부와 전국환경사제 모임 대표 그리고 전국창조질서보전 대표신부로서 생태 복음화를 위한 다양한 시도들을 해 왔다. 우리밀운동과 도농 직거래운동, 동강과 4대강 개발 공사의 반대운동을 통하여 국민들에게 생태적 모티브를 교회가 가지고 있음을 보여 주었다. 대구 경북지역에서 본당 녹화의 모델 즉 아나바다 마켓과 생협을 창안함으로써 생태선교의 새 장을 열었다는 평가를 받기도 하였다. 생태교육 현장인 자연학교와 대인 학교를 설립하여 다양하고 새로운 생태적 사고를 교육 안 에 통합시켰다. 특히 프란치스코 교종님은 이 회칙에서 "저 는 변화가 동기부여와 교육 과정없이는 불가능하다는 확신 으로 그리스도교 영성 체험의 보화에서 영감을 얻은 인간 발전을 위한 지침을 제시할 것입니다."(15항) 무엇보다도 교 육의 중요성을 강조하시면서 특별히 회칙에서 '생태 교육 과 영성'(202~246항)을 제 6장에서 다룬다.

지나간 역사에 대한 반성이 없으면 똑같은 시행착오를 반 복한다. 가톨릭교회의 지나간 30년간의 현장경험에서 나오 는 폭발적인 운동성과 교회 전통과 유산을 재해석하고,

2015년에 가톨릭교회 역사상 처음으로 생태회칙이 발표됨으로써 우리가 프란치스코 교종님의 생태 비전을 통합시킨다면 역동적인 생태운동이 다시 가동될 것이라고 본다. 교종님은 이 회칙에서 우주의 신비, 통합, 창조의 복음, 떼이야르 드 샤르뎅 신부의 복권, 용어 진화 등 혁신적인 개념을 우리에게 쏟아 내었다. 그리하여 지난 이천 년의 신학 '플라톤과 아우구스티누스' 과 '아리스토텔레스와 성 토마스 아퀴나스' 를 통합하여 '진화론과 떼이야르 드 샤르뎅' 을 회칙의 바탕에서 놓았다는 의미가 있다.

21세기 지구 황폐화 시대에서 인간과 지구가 상호 호혜적인 관계로 가치전환을 하기 위해 가톨릭교회의 생태적 방향을 점검하고 그 대안적 실천 모델을 창조해 내는 이 작업들은 '관대하고 품위 있는 창의력' 에 속하는 위대한 일이다.


"교육이 생활 양식의 참다운 변화를 가져올 수 있다는 사실은 놀랍습니다. 환경에 대한 책임 교육은 환경 보호에 직접적이고 중요한 영향을 주는 다양한 행동을 고무할 수 있습니다. 예를 들어, 플라스틱이나 종이의 사용을 삼가고, 쓰레기 분리수거를 하고, 적당히 먹을 만큼만 요리하고, 생명체를 사랑으로 돌보며, 대중교통을 이용하거나 승용차 함께 타기를 실천하고, 나무를 심고, 불필요한 전등을 끄는 것입니다. 이 모든 것이 인간 최상의 면모를 보여주는 관대하고 품위있는 창의력에 속하는 것입니다. 뜻깊은 동기에서 물건을 쉽게 내버리지 않고 재활용하는 것은 우리의 존엄을 표현하는 사랑의 행위가 될 수 있습니다."

- 211항

# 통합 생태론의 영성

세상 모든 것은 서로 이어져있으며 우리와 무관하지 않다
는 것이다. 따라서 그동안 개인의 치우친 관심사에 따라 부
르짖던 제각각의 정의가 결국은 모두 다르지 않다는 점을
일깨운다. 교종 프란치스코 회칙 〈찬미 받으소서〉 제4장에
서는 통합 생태론을 다룬다.

"이 모든 것이 서로 밀접한 관계를 맺고 있으며 오늘날의 문
제들이 세계적 위기의 모든 측면을 고려하는 시각을 요구하기
때문에, 저는 인간적 사회적 차원을 존중하는 통합 생태론의 다
양한 요소들에 관한 성찰을 제안합니다." - 137항

놀랍게도 이 회칙에서 혁명적인 대전환을 선포하면서 지난 수세기 동안 전개된 그릇된 변증법을 극복할 새로운 종합 즉 '통합 생태론'을 우리에게 제시하고 있다. 회칙 서두에서부터 환경, 경제, 사회 생태론과 문화 생태론, 일상생활의 생태론 그리고 공동선의 원리와 세대 간 정의, 회칙의 마지막 기도까지, 즉, '우리의 지구를 위한 기도'에 이르기까지 반복되는 주제어는 이 세상의 모든 것과 무관하지 않고 연결되어 있다는 것이다. 이것은 또한 현대 우주론의 핵심 키워드이다. 모든 것이 서로 관계를 맺고 있다는 사실을 강조한나. 시간과 공간도, 원자나 소립자도, 지구의 물리적, 생활학적 구성 요소들, 생물종과 유전 정보도 서로 연결되어 있고 관계의 망을 이룬다는 것이다. 환경, 경제, 사회, 문화 그리고 일상생활의 생태론과 인간 생태론이 서로 밀접한 관련을 맺고 있기 때문에 이를테면 '자연 보호'와 '낙태의 정당화'도 양립될 수 없다. 우리 한국 교회는 여전히 자연 보호와 낙태 문제를 별개로 생각해 왔고 지구의 부르짖음과 가난한 이들의 부르짖음 '모두'에 귀를 기울이지 않았다. 한마디로 인간은 통합 생태론으로부터 '역방향으로 문화 부호'를 만들어 왔다. 이 문화 부호가 지구 과정을 완성하는 것이 아니라 종결시키고 있다.

회칙 제3장은 인간이 초래한 생태 위기의 근원들에 현대 인간 중심주의와 실천적 상대주의를 아주 강도 높게 비판한다.

"근대에 들어서서 지나친 인간 중심주의가 있어 왔고, 이는 오늘날에도 여전히 또 다른 모습으로 존재하며 공동 관심사와 사회적 결속 강화를 위한 모든 노력을 저해하고 있습니다. 그래서 현실과 그 한계에 새롭게 주의를 기울일 때가 되었습니다."

- 116항

회칙은 통합 생태론의 영성의 길잡이이자 영감으로 삼았던 매력적인 인물을 아시시의 프란치스코 성인이라고 소개하고 있다. 프란치스코 교종은 통합 생태론을 기쁘고 참되게 실천한 가장 훌륭한 모범이 프란치스코 성인이라고 다시 우리에게 일깨워 준다. 그래서 회칙 87항에서 아시시의 프란치스코 성인의 아름다운 노래 즉 '우주적 친교'를 드러내는 통합 생태론의 영성 기도를 우리에게 제시한다.

우주적 친교에 의하면 4대강 보호나 인간 배아, 장애인, 노동정의 구현 문제는 별개가 아니다. 모든 것은 연결되어 있다. 평화와 정의 그리고 피조물 보호는 서로 철저하게 연결된 주제인데 우리 현장에서 사회노동운동가들은 생태를 자주 무시한 반면 생태운동가들은 자주 사회 정의를 소홀히 해왔다. 모든 것은 서로 관계를 맺고 있기에 인신매매와 생물종의 매매는 무관하지 않는데 우리는 서로 분리하여 생명운동과 생태환경운동을 별개로 생각해 왔다.

"생태론은 살아 있는 유기체와 그 유기체가 성장하는 환경의 관계를 연구합니다. 여기에는 반드시 사회의 삶과 존속의 조건에 대한 성찰과 논의가 따르게 됩니다. 또한 발전, 생산, 소비의 모형들에 대한 의문을 제기하는 솔직함이 있어야 합니다. 모든 것이 서로 관계를 맺고 있다는 사실을 아무리 강조해도 지나치지 않습니다. 시간과 공간은 서로 동떨어진 것이 아니며, 원자와 소립자조차도 따로 떼어 놓고 생각할 수 없습니다. 지구의 물리학적, 화학적, 생물학적 구성 요소들이 서로 관련되듯이, 생물종도 우리가 결코 그 전체를 알고 이해할 수 없을 관계망을 형성하고 있습니다."

- 138항

# 용감한 문화적 혁명

　프란치스코 교종의 회칙 〈찬미 받으소서〉는 조금만 몰두하면 누구나 쉽게 6장을 읽어낼 수 있을 만큼 단순하고 명쾌하다. 이론보다 실천을 강조하고 있는 사목지침서이기 때문이다.

　회칙은 '절박' 한 의미의 용어를 자주 사용한다.

　"종말론적인 예언은 차치하고라도 현재 세계 체제는 여러 관점에서 봤을 때 지속될 수 없는 것이 분명"

-61

　"만일 우리가 이러한 근본적인 문제들을 치열하게 다루지 않는다면"

-160

"종말에 대한 예언은 더 이상 비웃거나 무시할 수"

- 161

"광란의 소비세계는 모든 형태의 생명을 착취하는 세계"

- 230

   이런 종말론적인 메시지에도 불구하고 '실천에 주저' 한 다면 악순환에 빠지게 될 것이다. 나아갈 방향을 재정립할 필요가 있지만, 무엇보다도 교회 자체가 변화돼야 한다. 이 변화, 즉 '생태적 회개'의 대상은 평신도뿐 아니라 주교와 성직자, 수도자도 포함된다. 총체적 위기에 처한 우리나라 에 대한 한국교회의 침묵은 개혁대상과 개혁주체의 전도 때문에 발생한 직무유기라고 본다.

   "현재 벌어지고 있는 일들은 우리가 용감한 문화적 혁명 을 통하여 앞으로 나아가야 할 절박한 필요성을 알려 줍니 다. 동굴에서 살던 시대로 돌아가고 싶은 사람은 아무도 없 습니다. 그러나 속도를 줄여서 다른 방식으로 현실을 바라 보며 긍정적이고 지속 가능한 발전을 받아들이는 것과 더 불어 지나친 과대망상으로 잃어버린 가치와 중요한 목표들

을 되찾아야 합니다."(114항)

지금 벌어지고 있는 문화적 병리가 '서로 밀접한 관련을 맺고 있기 때문에' 인간적·사회적 차원을 존중하는 '통합적 생태론' 다양한 요소들 중 특히 유전자 조작에 대한 성찰과 용감한 문화적 혁명이 필요한 때이다(130~136).

회칙은 인간이 초래한 생태 위기의 근원들 중 현대 인간중심주의의 위기와 영향을 주목하고 새로운 생명공학의 유전자 조작을 지적한다. 요한 바오로 2세 성인께서도 인간의 창의력을 제지할 수는 없지만 무분별한 유전자 조작으로 이어져서는 안 된다는 점도 지적하셨다.(131항) 대구 어느 성당에서 수녀님이 레지오 훈화 때 유전자 조작식품에 대해서 이야기 하다가 신자로부터 왜 성당에서 그런 걸 말하느냐하고 비난을 받은 적이 있었다는 소식을 들은 적이 있다. 다국적 기업의 유전자 조작 식품만이 아니다. 핵발전소 문제, 성주 사드 문제 등 종교로 연결되지 않는 것이 없고 무관하지 않는 것이 없다. "이 세상에 그 어떤 것도 우리와 무관하지 않습니다"하고 〈찬미 받으소서〉에서 단언하고 있다.

"바로 이러한 틀 안에서 동식물계에 인간이 개입하는 것에 관한 성찰이 이루어져야 합니다. 여기에는 물질세계의 잠재력을 착취하려는 생명 공학을 통한 유전자 조작이 포함됩니다."

- 132항

"유전자 변형 작물의 증산은 복잡한 생태계망을 파괴시키며 생산 작물의 다양성을 감소시키고 현재와 미래의 지역 경제에 영향을 끼칩니다. 여러 나라에 곡물 생산과 그 재배에 필요한 여러 상품들의 생산을 독점하는 경향이 증가하고 있습니다. 번식력이 없는 종자가 생산되고 있을 것을 볼 때 이러한 의존성은 더욱 심각해질 것입니다. 그래서 농민들은 대규모 생산자에게서 그 종자를 구매할 수밖에 없게 될 것입니다."

- 134항

지금 우리나라는 다른 어띤 나라보다도 유전자 조작식품이 범람하고 있다. 대기업 식품회사가 앞 다투어 수입하고, 심지어 아이들 간식이나 된장, 두부 고추장, 식용유 등 GMO(유전자조작식품)가 침투되지 않는 곳이 없다. 정부는 GMO 문제에 대해 침묵하면서 오히려 농진청에서 GMO 벼를 생산해 안정성 심사를 착수했다고 한다. 섬뜩하게 무서울 정도다. 회칙은 이렇게 선언한다. "유전자 변형 작물의 증산은 복잡한 생태계망을 파괴시키며 생산 작물의 다양성을 감소시키고 현재와 미래의 지역 경제에 영향을 끼칩니다."(134항) 한국교회는 무엇보다 먹을거리 생산자인 농민의 소리를 귀담아 듣고, 문화적 혁명으로 용감하게 진입해야 할 때다.

　　"가난한 지역의 농업은 농촌 기반 시설, 지역이나 국내 시장의 조직, 관개 시설, 지속 가능한 농업 기술에 대한 투자를 통하여 개선될 수 있습니다. 새로운 형태의 협력이나 공동체 조직의 촉진으로 소규모 생산자들의 이익을 증진하고 지역 생태계를 착취에서 보호할 수 있습니다. 할 수 있는 일이 정말 많습니다!"

- 180

# 창의적 대안으로서의 협동조합

이제 프란치스코 교종 회칙 〈찬미 받으소서〉가 반포된 지가 벌써 2년이 지났다. 문제는 가톨릭 신자들이 일반 시민들보다 '생태의식'이 낮을 뿐 아니라 한국 사목자들마저도 사목현장에서 구원과는 별개의 사안으로 '불편한 거리'를 두고 있다는 사실이다. 올해 한국주교회의 상임회의에서 결정한 탈핵 100만 서명 운동도 사목자들이나 평신도들이 적극적으로 호응하지 않고 있다.

그러나 회칙 〈찬미 받으소서〉는 어떤 신학이나 영성보다도 '상황적이고 종말론적 위기' 속에서 출두하였다. 이 생태위기는 어느 한 대륙이나 나라의 위기가 아니라 행성전

체의 위기이다. 회칙에서는 '획일적 해결책'(180항)을 제시
하기 보단 접근법과 행동 방식 그리고 생태교육과 영성, 생
태적 회개를 통하여 구체적이고 통합적이면서도 '창의적인
대안'(192항)들을 모색하고 있다.

이 회칙안에서 단 한 줄에만 등장하지만 "일부 지역에서
는 협동조합들이 생겨나서 재생 가능한 에너지를 이용하여
지역적으로 자급자족을 하고 남은 에너지는 팔기까지 합니
다."(179항) 우리나라 경우는 햇빛 협동조합이다. '협동조
합'은 회칙의 통합 생태론에 맞먹는 대안적 사회적 경제의
틀이라고 생각한다. 왜냐하면 20세기의 역사적 의미를 상
징적으로 표현하는 두 개의 회칙에서 협동조합이 떠오르게
된 배경이 있기 때문이다. 1891년 교종 레오 13세가 발표한
회칙 '새로운 사태'와 100년 후 1991년 교종 요한바오로 2
세가 발표한 회칙 '백주년'이라는 두 개의 회칙이다. 두 회
칙은 사회주의와 자본주의의 종말을 예언하였는데 교종 베
네딕토 16세께서는 2009년에 제3의 길인 '진리 안의 사랑'
회칙을 발표한다. 이 회칙에서 증여, 무상성, 은총의 가치
를 경제활동과 결합하여(36항) 네 가지 대안을 우리에게 제
시한다. 1. 소액금융대출 2. 소비자 협동조합 3. 공정무역 4.
노동조합과 신용조합

"노동 문제를 성찰하면서, 교회가 언제나 장려하고 지지하여 왔던 노동조합이 노동계에서 부각되고 있는 새로운 전망에 열려 있는 것이 참으로 중요하다는 것을 상기하는 게 좋습니다."(진리안에 사랑, 64항)

"약자를 보호하고 파렴치한 투기를 막기 위한 금융 분야의 법규와 개발 사업을 지원하는 새로운 금융 형태의 실험은 투자자의 책임을 강조하면서 더욱 연구하고 장려하여야 할 긍정적인 경험입니다. 더욱이 인도주의자들의 사고와 활동에 뿌리를 두고 있는 소액 금융 - 저는 특히 '신심의 산'의 기원을 생각하고 있습니다. - 을 강화하고 활성화시켜야 합니다."(진리안에 사랑, 65항)

"예를 들면 19세기부터 부분적으로 가톨릭 산자들의 활동을 통하여 운영되어 왔던 소비자 협동조합과 같은 협동 구매 형태들입니다. 또한 세계 빈곤 지역들의 싱품을 매매하여 생산자들에게 상당한 수입을 보장해 주는 새로운 법들을 장려하는 것도 도움이 될 수 있습니다."(진리안에 사랑, 66항)

정부도 2007년 '사회적 경제 육성법'을, 2012년에는 '협동조합기본법'을 발표하였다. 반면에 우리 교회는 전통적으로 사회복지를 통하여 시장의 논리에 대항하여 무상성의 논리와 선물의 논리를 펴고 있지만, 이제는 가난한 사람들을 돕는 복지보다도 가난한 사람을 만들어내는 사회구조와 경제구조를 혁신하는 것이 더 중요하게 되었다.

우리 교회는 이미 1891년 레오 13세의 '레룸 노바룸', 1991년 교종 요한 바오로 2세가 발표한 '새 레룸 노바룸 100주년', 2009년 교종 베네딕토 16세의 회칙 '진리안의 사랑' 그리고 교종 프란치스코 2015년 회칙 〈찬미 받으소서〉를 통하여 국가와 시장에 작동하는 방식을 바로잡아 사회적 공통 자본과 공동선을 행하도록 제안한다. 사회주의와 자본주의의 환상은 깨졌고 새로운 사태는 세계 무대에 등장하고 있다.

"과거에는 정의가 먼저고 무상성은 나중에 보완해도 된다는 주장이 가능했지만, 오늘날에는 무상성이 없으면 정의가 실현될 수 없다는 것이 분명해졌습니다. 따라서 여러 다른 목적을 추구하는 기업들이 균등한 기회를 가지고 자유롭게 활동하는 시장이 필요합니다."(진리안에 사랑, 38항)

"최근 몇 십년 사이에 두 유형의 기업 사이에 폭넓은 중간 영역이 생겨나고 있습니다. 이른바 '시민경제'나 '친교의 경제'와 같은 다양한 분야로 이루어집니다."(진리안에 사장기 불황 시대에 대안으로 솟아 오르는 협동조합은 '금융자본' 대 '생태자본' 혹은 '시민 사회적 경제'를 보완하는데 이바지할 것이다. 본당마다 미사만 지내고 나면 '텅비는' 성당들이 관계 속 행복의 관점에서 저성장과 고실업의 새 해법을 제시하는 협동조합경제론의 못자리로 탈바꿈해야 할 것이다. 교종 베네딕토 16세는 자신의 회칙에서 본당마다 '소비자협동조합'을 만들 것을 우리에게 제안하고 있다.

나는 1997년 일부 교구 사제들과 함께 일본 생활협동조합을 견학한 바가 있다. 그 당시 소공동체를 통한 생활공동체 운동으로써 생활협동조합을 기획하였지만 실천되지는 못하였다. 더 아쉬운 것은 신협이 금융기관으로 전락히였다는 사실이다. 놀라운 것은 1492년 프란치스코 수도회의 스폴레토의 케루비노가 페루지아에서 최초의 사회적 기업 은행 소액 금융 '신심의 산'(Montes Pietatis)이라는 고리대금업자로부터 가난한 사람들을 도와준 신용 금고를 창안하였다는 놀라운 사실이다. 유대인 대출 은행이 40~80%의 고금리를 매겼지만, 몬테스 피에타티스는 4~12% 사이의 이

자만 요구하였다. 처음에는 무이자 체계를 시도하였지만, 몬테스 피에타티스의 지속적이고 안정적인 운영을 위하여 약간의 이자를 부과하는 체계로 정착하였다.

이른바 인권연대가 만든 장발장 은행이다. 현행법상 벌금을 선고 받으면 30일 내에 일시불로 내야 하는데, 벌금을 내지 못해 감옥에 가는 사람은 일 년에 4만 명이 넘는다. 이렇듯 벌금형을 선고 받은 뒤 형편이 어려워 벌금을 내지 못해 교도소에 갇힌 사람들을 대상으로 최대 300만 원까지 무담보·무이자로 대출해주는 은행을 일러 장발장 은행이라 한다. 장발장 은행은 시민들의 기부로 모은 성금으로 운영하는데, 소년소녀가장이나 차상위계층을 우선한다. 교종 베네딕토 16세는 "고리대금의 위험이나 절망에서 보호받아야 하는 수많은 취약 계층의 사람들이 재정적 어려움으로 혹독한 시련을 겪는 요즘과 같은 시기에 더욱 필요합니다. 가난한 사람들이 소액 신용을 통해 실질적인 혜택을 얻도록 도와주어야 하는 것처럼, 사회의 가장 취약한 구성원들이 고리대금에서 보호받을 수 있도록 도와주어 고리대금과 절망 때문에 생길 수 있는 착취를 막아야 합니다."(65항) 아직 한국 천주교회에서는 '신심의 산'과 같은 소액 금융 신용금고를 만들면 가톨릭 사회복지가 쇄신될 것이라고 본다.

# 통합 생태적 회개

　프란치스코 교종의 생태회칙 〈찬미 받으소서〉는 인간이 초래한 심각한 환경 파괴의 원인을 먼저 살펴본 뒤 인류가 처한 상황을 분석했다. 제5장에서는 우리가 자멸의 소용돌이에서 빠져 나올 수 있도록 하는 다섯 가지 대화의 접근법과 행동 방식을 다뤘다. 제6장에서는 대안적 생활양식을 효과적으로 발전시키고 강박적이고 충동적인 소비사회에 중요한 변화를 불러일으키기 위한 생태 교육과 영성으로서의 생태적 회개와 덕德 virtue의 실천을 강조한다.

　이미 '생태적 회개'는 요한 바오로 2세 교종께서 2001년 '교리교육'에서 요청했다.

"요한 바오로 2세 성인께서는 이 문제에 점점 더 많은 관심을 보이셨습니다. 성인께서는 당신의 첫 회칙에서 인간이 자주 자연환경을 놓고서 즉각적 이용과 소비에 유익한 것 말고는 다른 의미를 발견하지 못하는 듯한 것으로 보인다고 경고하셨습니다. 나중에 성인께서는 세계적인 생태적 회개를 요청하셨습니다."

- 5항

그러나 사목현장에서는 이 생태적 회개를 너무 소홀히 하고 있다. 특히 신심 깊은 교우들은 환경문제를 정부가 벌이는 사업쯤으로 취급해 버리기 일쑤다. 대부분의 사목자들도 미사를 거행할 때나 성사를 집행할 때에도 선택적이거나 부차적인 것으로 간주해 버린다. 많은 경우 고해성사에서도 하느님의 피조물에 해를 끼친 죄, 광란의 소비습관, 과식이나 무절제한 에너지 남용 등 피조물과 맺는 건강한 관계에 대해 전혀 언급되지 않는 실정이다.

대학의 청년들을 보면 새로운 '생태 감각'이 전혀 준비돼 있지 않다. 지구의 자연적 생명 체계의 착취에 근거한 일자리와 취업만 강조하는 대학에서 교육받고, 탐욕이 미덕인 상황에서 자란 젊은이들에게 '절제의 덕'을 요구한다는 것

은 거의 불가능처럼 느껴지는 문화적, 정신적, 교육적 도전
에 직면해 있다. 근본적인 변화가 필요한 비상시기에 〈찬
미 받으소서〉 회칙은 생태적 회개를 요청한다. 이 회개도
단순히 개인적 선행의 종합이 아니라 '통합적 생태론'을
포함한다.

"그러나 개인이 더 좋은 사람이 되는 것만으로는 현대 세계
가 직면한 매우 복잡한 상황의 해결에 충분하지 않습니다. 개인
은 도구적 이성의 논리를 극복할 수 있는 능력과 자유를 상실하
여 결국 윤리, 그리고 사회와 환경에 대한 의식없이 소비주의에
빠지게 됩니다. 사회 문제들은 단순히 개인적 선행의 총합이 아
니라 공동체의 협력망을 통하여 해결해야 합니다. 지속적인 변
화를 이루는 데에 필요한 생태적 회개는 공동체의 회개이기도
합니다."

- 219항

생태적 회개는 덕德과 관계가 있음을 회칙은 거듭 강조한
다. 회칙은 지난 세기 우리가 너무 오랫동안 윤리, 선, 절제
와 겸손을 비웃으며 살아왔기 때문에 다시 위대한 가치들
과 덕이 결합되지 않으면 기쁨과 평화를 이룩할 수 없다고

지적한다. 내적인 광야가 세계를 더 파괴하는 외적인 광야로 치닫는 것이다. 생태적 회개는 소비에 집착하는 부족한 삶이 아니고, 창의성과 열정을 북돋우며 피조물과 깊은 유대감 그리고 '감사와 무상성의 태도' 라고 회개의 의미를 풍부하게 해준다. 생태적 회개가 덕과 연결되어 성숙해지고 내 것에 집착하지 않고 적은 것으로 행복해 지는 조화로운 생활양식이 결국에는 생태계 보호와 공동선으로 이끄는 것이다.

이제 우리는 전 지구적인 차원의 연대가 필요하다. 환경 문제들은 단순히 개인적 선행의 총합으로 해결할 수 없다. 우리는 저마다 자신의 경험, 계획, 재능으로 피해복구에 나서야 할 때이다. 그리고 '통합적 회개' 이다. 종교적 회개를 넘어서 보다 더 포용적이고, 지속 가능하며, 사회적인 경제를 재건설하기 위해서 우선 시급한 것은 '통합적 회개' 이다. 제도나 누구를 탓하기 전에 자신의 삶, 즉 사회적 경제적 맥락 안에서 그리고 윤리적 소비자로써 올바른 관계를 살아감을 의미한다.

회개면 회개이지 종교적 회개와 통합적 회개는 무엇인가? 우리 사회에는 일종의 미묘한 분리의식이 있다. 종교와 사회를 분리하려는 의식이 아주 짙게 잠재되어 있다. 모든 것이 연결되어 있는데 특히 종교와 정치를 분리하려는 의식이 다분히 깔려 있다.

본당에서 판공성사를 보거나 성사생활을 할 때 애덕활동이나 봉사가 회개와 보속꺼리로만 받아들여지고 일상생활 즉 우리가 모든 것을 쏟아 붓고 있는 지금 여기의 '사회적 생태적 경제적 관계'에 대해서는 전혀 생각하고 있지 않다는 사실이다. 종교는 종교이고 경제는 경제라는 지배적인 생각이다. 종교를 사적인 영역에 속하는 것으로 생각한다. 종교와 사회를 분리시키면서도 열심히 신앙생활을 하는 실제로 내가 직접 들은 한 사례가 있다.

"우리 집 건물주는 성당에 참 열심입니다. 복사도 하고 봉사도 하고 성지순례도 하고 거의 성당에 모든 일을 도맡아 하다시피 합니다. 그런데도 집주인은 계속 집세를 올리겠다는 것입니다. 이 집세 올리는 것도 한두 번이 아닙니다. 성당에 다니면서 너무 부당하게 세를 올리는 것입니다. 우리는 도무지 이해할 수가 없습니다. 우리가 성당에 다니는 집 주인에게 무조건 집세를 낮추어 달라는 것이 아닙니다. 우리도 낼 만큼 내는데 자꾸 저렇게 생떼를 부립니다." 조물주 위에 건물주가 있다는 말이 과언이 아닐 정도이다.

사실이지 우리 모두 돈버는 데에 온갖 시간과 열정을 쏟아 붓는다. 그런 경제활동을 통해서 자신의 삶과 성취와 성공을 도모한다. 바로 그 경제활동을 통하여 다른 사람들과 피조물과 관계를 맺고 인맥을 엮는다. 우리 역시 종교생활을 하면서 상품소비, 오염과 쓰레기, 경쟁교육, 환경파괴, 불평등한 차별, 노동 착취 등 직간접으로 영향을 주고받는다. 우리도 세상을 공정하게 만들 수도 있고 불공정하게 만들 수도 있다. 단순히 신앙생활 뿐 아니라 이러한 다층적인 관계를 올바르게 만들어가는 과정에 대한 성찰이 바로 '통합적 회개' 이다.

김일득 신부는 그의 저서 《프란치스칸 경제》에서 데이비드 쿠투리에르의 '의식 성찰' 한 예제를 제시한다.

"내가 사용하거나 구매한 상품이 혹시 인간 노예와 같은 과정에 오염되지는 않았는지 의식하는가? 내가 원하는 상품이 노동 착취의 결과일 수 있다는 사실보다는 그저 가격, 편의, 접근성 등을 더 중요하게 생각하지는 않는가? 나는 얼마나 많은 시간과 노력을 들여 내 앞의 상품이 인신매매 등의 결과일지에 대하여 생각하는가? 내 집에서 내 저녁 식탁 위에서 노동 착취의 결과물을 근절하기 위해서 얼마나 많은 의지를 가지고 내 주변 사람들과 함께 협력하여 일하고자 하는가?"

# 생태 영성과 교육

통화 무제한, 무제한 토론, 무제한 데이터, 무제한 리필 등 마치 인간이 마음대로 세상을 무제한 조작할 수 있다는 광고 카피들이 난무하고 있다. 휴대전화의 데이터 무제한 요금제를 써서 언제 어디서나 마음대로 인터넷을 빵빵하게 하고 게임도 팡팡하고 웹툰도 마구마구 보지만 자신이 사용하는 에너지가 핵발전소의 제한된 핵폐기물을 쥐어짜고 있다는 사실을 의식하는 이는 얼마나 될까?

무제한이라는 말은 우리가 얼마나 제한된 실존인가를 은폐하고 있다. "모든 시대는 그 시대가 지닌 한계를 제대로 인식하지 못하는 경향이 있습니다. 그래서 오늘날 인류가 자신이 당면한 도전의 심각성을 제대로 파악하지 못할 수 있습니다."

- 105항

무제한이라는 문화적 자폐증을 치유하는 비결은 무엇일까? 인간 자신의 '실존적 한계'를 받아들이는 영성이다. 회칙 〈찬미 받으소서〉에서는 그리스도교 영성체험의 보화에서 영감과 지침을 제시하고 있다. 그것은 한계를 인정하는 '덕德'이다. 사실이지 우리는 아무런 통제 수단 없이 자기 마음대로 할 수 있는 수단들을 엄청 누리지만 실제로 한계를 정하고 자제력을 가르쳐 줄 수 있는 교육과 문화와 영성을 갖추지 못했다.

회칙은 이렇게 말한다.

"지난 세기는 절제와 겸손이 긍정적으로 여겨지지 않았습니다. 그러나 개인 생활이 사회생활에서 특정한 덕의 실천이 전반적으로 약화될 때, 환경의 불균형을 비롯하여 많은 불균형이 일어납니다."

- 224항

회칙 제6장의 '생태 영성과 교육'에서 덕, 특히 절제를 많이 강조하고 있다. 무제한으로 모든 것을 할 수 있다는 능력을 과신하게 되면 결국 우리 사회와 환경에 얼마나 큰 피해를 입히게 되는지 우리는 늘 대형 참사를 통해 겪어 왔다.

우리가 근본적으로 변화를 원한다면, "사고방식이 우리 행동에 실제로 영향을 미친다는 것을 깨달을 필요가 있습니다. 우리가 인간, 생명, 사회, 인간과 자연의 관계에 관한 새로운 틀을 촉진하려는 노력을 기울이지 않으면, 교육은 아무런 효과가 없고 교육적 노력도 열매를 거두지 못할 것입니다."(215항)

우리는 우주의 진화의 원리를 거슬러 역방향으로 달리는 무한 질주의 세계를 바꾸어야 한다. 그렇지 않으면 종말론적 예언자가 등장하지 않더라도 '호모 사피엔스'는 한 방에 갈 수 있다. 우리가 예상했던 일이 한 순간에 발생할 수 있다. 시간이 정말 촉박하지만 아직도 우리는 변화의 칼자루를 쥐고 있다. 이 역사의 부름에 응하는 것은 가장 가치 있는 우리의 응답이다.

에필로그

|

## 통합 생태론을 찾아가는 새로운 시작


2000년, 내 인생에 있어서 두 번째 유학을 떠났다. 그 유학은 내 40대 중년 정체성의 위기에서부터 마치 도토리의 꿈처럼 '새로운 이야기'를 찾아가는 여정이었다. 특히 2000년에는 독일 빙엔에서 힐데가르트를 현장에서 연구하고 국내 최초로 '빙엔의 힐데가르트'를 집필하게 된 것도 이러한 배경에서 나왔다.

이른바 80년대부터 촉발된 공해추방-자연보호-환경보전-생태평화운동으로 가톨릭 생태운동이 변천되어 왔지만 전통적인 사목과 깊은 괴리가 현장에서 문제로 제기되었다. 내가 그동안 사목적으로 종교와 지역사회를 연결시켜 본당에 헌신했던 '활동과 생태운동'이 기존의 가톨릭교회의 이야기 속에는 도저히 자리를 잡을 수 없었다.

월배 - 상인 - 고산 - 경산 본당사목의 정책의 일관성과 지속성에서 실패에 실패를 거듭했다. 특히 본당과 지역사목에서 아주 중요하게 생각했던 생태중심의 영성 사목은 전체 교회 사목과 연결되지 못하고 별책부록으로 전락하고 말았다. 나는 두 가지 현실 즉 전통적인 사목과 생태중심의 사목사이에 괴리를 합칠 수 없었기에 내가 기획하는 모든 사목은 어디로 튈지 모르는 럭비공으로 또는 근본이 없는 덜 가톨릭적으로 교회에서 취급하였다. 우리 교회가 나에게 붙인 꼬리표는 솜처럼 떨어지지가 않았다. 교구청에서 약 5년 동안 생태사목을 하였는데도 떠나고 나면 부서나 직책이 흔적조차 없이 사라져 버렸고, 고산본당에서 4년 동안 이루어낸 본당의 생태사목은 2006년 근본주의 사제가 부임해 오자마자 언제 그런 일이 있었는지 전임 신부의 프로젝트들을 아예 치워 버리는 것이었다. 왜 이렇게 될 수밖에 없었는가?

교회는 주로 수백 년 동안 문자 중심 즉 성경과 성사로 구원사업을 해 왔다. 대부분의 사목자들이 사목적 삶을 미사 전례에 맞춘다. '창조의 복음'과 창조의 조화 안에서 모든 피조물이 전하는 메시지를 적극적으로 전하지 않는다. 사목자의 강론이 일차적으로는 복음서 이야기에 맞출수록 지구의 생명이 엄청난 생태적 위기에 당면하고 있는 시대에 살고 있으면서도 가톨릭교회가 지구 생명 공동체 안에서 벌어지는 죽음의 문화를 외면하고 침묵한다. 적어도 내 경우엔 종교의 녹화 작업을 30년 이상이나 실천하였지만 지금도 여전히 나는 비주류이며 아웃사이더이다. 교회는 인간과 지구와의 관계를 재연결시키는 나의 사목적 활동들을 취향이나 특기 문제로 돌려 버리는 것이었다.

그동안 난 사목현장에서 새로운 퍼즐 조각조각을 모집했지만 그 조각을 연결할 수가 없었다. 왜냐하면 그 조각들로 연결 지을 수 있는 큰 틀이 없었기 때문이다. 더욱이 우리는 교육을 인문계와 자연계로 잘게 쪼개어 버렸고, 종교교육 역시 영과 육을 따로따로 분리시켜 은연 중에 세상과 자연을 덧없고 부질없는 처소로 만들어 버렸다. 그것은 마치 서로 맞지 않는 퍼즐 조각을 들고 인생을 맞추는 것과 같았다. 각 조각은 '자폐증의 현실'이어서 각자의 인식 속에 제한되고 사회 역사적 맥락의 상대적 이론에 묶여 있다. 지금도 지구가 태양을 회전하는 것처럼 생각하듯이. 구 우주론은 인간중심주의 종교와 신화의 이야기들이다. 이 문제를 해결하고 통합하는데 새롭게 찾은 이야기가 '힐데가르트 수녀의 영성'과 '우주 이야기'였다.

난 늦게나마 새로운 우주론을 배우기 시작하였다. 우주는 단순함에서 복잡함으로, 원자에서 분자로, 물질로, 어머니 태양으로, 은하계로, 행성을 거느린 태양으로, 단세포 생명이 사는 행성으로, 의식적 생명으로 발달해왔고 지금도 발달하는 중이다. 이야기는 영원하며 끝이 없다. 우주는 진행형이다. 지금도 우주는 팽창 중이나. 분리되고 소외되고 갈라졌던 나의 이원론이 서서히 통합되었다. 이 창조론은 우주의 여정에 대한 이야기이며 태초부터 물질적이면서 정신적인 여정이었다. 나는 우주 이야기에 귀를 기울이면서 137억 년 동인의 우주경영보고시 즉 지구의 탄생 너머로, 첫 번째 어머니 태양의 탄생 너머로, 헬륨과 수소 원자의 탄생 너머 태초로, 모든 시작의 시작으로 연결시켰다. 심지어 지구 행성 관리 시스템의 개념도 이에 포함된다. 수십 억 년 전에도 이 행성 위에 생명이, 피드백 회로가 작동했다. 새로운 창조론에서 끊어지지 않는 한 줄의 연결성이 창조 과정 속 모든 단계로 연결된다.

나는 137억 년의 빅 스토리 통합된 스토리 '새로운 이야기 우주 이야기'를 배우기 시작하였다. 그 이야기는 문화 역사학자이자 지질학자인 토마스 베리 신부님이 테이야르 샤르댕 신부에게서 전수받은 영성이었다. 샤르댕 신부님은 20 세기 초에 과학자로서 종교의 창조론과 '창조의 진화론'을 통합하여 이 이야기를 찾아낸 것이다. 이는 두 가지 이야기인 자연과학의 예언자들이 찾아낸 '실증적 창조 이야기'와 종교적 예언자들이 발견한 '직관적 창조 이야기'를 결합한 것이다. 샤르댕 신부님은 처음으로 이 두 가지를 연결한 사람으로서, 우주가 계속 발달하고 진화 중이며 그 과정을 통해 마침내 '오메가 포인트'라는 정점에 도달할 것이라고 확신했다. 회칙 〈찬미 받으소서〉에서 테이야르드 샤르댕을 공식적으로 복권시켰으며 이는 신학적으로 매우 중요한 결정이다.(프란치스코 교종의 회칙 〈찬미 받으소서〉 각주 53 참조)

이것은 내가 배우기 시작한 '통합으로 상호 연결성 이야기'의 첫 단추였다. 이 우주에 모든 것이 연결되어 있다는 것이 '통합 생태론'의 시작이다. 나는 연결성이 어떻게 나 자신과 모든 우주의 진화 사건과 이어지는가를 보았다, 아니 진정으로 느꼈다. 이를 통해 46억 년의 지구행성 뿐 아니라 과거 137억 년 동안 일어난 모든 일과 연결되었다. 사실이지 이 우주에는 우연한 것이 없다. 티끌에도 불성이 있다는 것과 한 톨의 쌀에도 우주가 있다는 말을 과학적으로 이해하게 된 것이다. 샤마니즘, 애니미즘, 범신론, 만유내재신론 등 자연사와 인간사가 하나로 연결되었던 것이다. 영과 육이 따로 존재하는 것이 아니라 서로 묶어 있는 것이었다. 내가 스트로마톨라이트와 유채꽃 그리고 '에밀 타케 신부님의 왕벚나무'를 재발견한 것도 어쩌다가 우연히 알게 된 사실이 아니라 필연직으로 일아아 했다.

프란치스코 수도회의 성인 보나벤투라는 이렇게 유명한 말을 남겼다. "모든 피조물은 그 안에 고유한 삼위일체 구조를 담고 있다." 우주 이야기를 통해 처음으로 전체 우주기 수십 억 년 동안 진화해 왔고, 계속 등장하고 있으며, 존재하는 모든 것을 물질과 정신이 정답게 결합되어 있는 것을 깊이 사색하도록 도와주었다. 나로 하여금 창조신비, 우주의 성사성, 거룩함에 대한 감수성, 그리고 그것을 구성하는 각 부분은 각기 자신 외 다른 구성 부분들과 연결되어 있음을 다시 배우게 되었다. 우주는 '상호 연결성'이라는 깊은 신비에 대한 초대 스토리텔링이다. 우주 이야기는 빅 우주의 역사로, 빅뱅에서 현재까지 확장시켰다. 시공간을 넘어, 현재 존재하며 한때 존재했던 모든 만물과 내가 연결되었다.

우주 이야기로써 난 이원론이 극복되고 비로소 통합이라는 의미를 알게 되었지만 현실은 변하지 않고 있다. 내 삶 속에 분리되고 갈라졌던 각각의 퍼즐 조각들이 제자리를 찾아 들어갔다. 이원론이 통합되고 이제야 현실의 사실 속 모든 요소들에 대해 이해할 수 있게 되었다. 이 우주에는 우연한 것이 없고 소외된 것도 없을 뿐더러 독불장군은 애시 당초 없는 것이다. 지금까지 그리스도교의 창조론은 우주 진화의 역방향인 원죄의 '불연속성'에서 기초하였다. 지금 우리 현대는 불연속성이 극에 달했다. 불연속성에서 초연결로 가는 접점이 '우주 이야기' 또는 '통합 생태론'이라고 생각한다.


보름달이 뜨면 전 지구상의 호수와 달이 동시에 비추는 것처럼, 달은 하나이지만 이 달을 비추는 호수는 수천 개나 되는 것처럼, 그렇다고 호수가 메말라 물이 사라진다하여도 달이 없어지지 않는 것과 같다. 그 달을 에너지, 가이야, 부처, 마호멧, 도라고 명명하더라도 진리는 하나이다. 흐르는 강물은 하나이지만 그 물을 마시는 우물은 다양하듯이 우주 이야기에 귀를 기울이던 나는 동일한 태고의 사건 즉 빅뱅에서 흘러나온 한 줄기의 강물이라고 생각한다. 빅뱅 맨 르메트르 신부님에 의하면, 빅뱅은 우주가 태어난 자궁이었다. 진리는 하나인데 가는 길은 여럿! 제 2차 바티칸 공의회 문헌의 타종교에 대한 교령, 종교의 다원주의라든가 에큐메니즘도 그런 맥락이라고 본다.

나의 세계관은 분명 달라지고 변화되었지만 내가 몸담고 있는 이원론의 가톨릭 교계제도와 우리의 현실은 현저히 인간중심주의적이다. 이 우주를 물질의 창고로 다루며 파괴와 폭력을 일삼고 있다. 지구의 웰빙 없이는 4차 혁명, 인류의 미래, 모든 종교, 심지어 그리스도교의 미래도 없다. 우리 존재에 대한 기본적 이야기에 대한 나의 이해는 극적으로 변하면서 나는 나를 형성해 온 그리스도교의 지배적 세계관, 인간중심주의와 우리 시대의 생태 위기간의 연계성을 깨닫게 되었다. '6도의 멸종이라는 생태 위기'가 눈앞에 벌어지는 데에는 그리스도교의 책임이 분명히 있다.

"우리는 다음 세대에 엄청난 폐허와 사막과 오염을 남겨 줄 수 있습니다. 소비, 낭비, 환경 변화의 속도는 지구의 한

계를 넘어 섰습니다. 그래서 현재 생활양식을 더 이상 지속 가능하지 않기에"(161항)

오랜 동안 그리스도교가 인간 조건에만 그리고 '인간영혼구령'이라는 좁은 지평에 지나치게 몰입해 왔다. 지금 우리에게 필요한 것은 새로운 종교를 발명하는 것이 아니라 우리의 모든 종교적 전통에서 행성지구에 대한 관계를 발전시켜야 하는 것은 새로운 종교적 감수성이다. 그것은 바로 통합 생태론을 통한 녹화이다.

지구 생태용량 초과 경고는 이미 받았다. 지금도 태평양 중서부 투발루 9개의 섬은 잠기고 있다. 우리는 늦어도 한참 늦었다. 그래도 시작하자. 늦었다고 생각할 때가 가장 빠른 때이다. 지구온난화에 따른 기후변화, 쐐기를 박으려면 지금 박아야 한다.

# 공유경제의 성공확신과
# 실천의지를 북돋우는 책

이동우
경주세계문화엑스포 사무총장

이 책은 한국의 공유경제가 나아갈 길을 밝혀준다. 실천적이고 구체적인 로드맵을 제시하는 보기 드문 역작이다. 공유경제에 대한 저서와 논문은 국내외에서 수없이 많이 나왔다. 하지만 세계화와 신자유경제체제에 정부나 기업, 심지어 비정부기구까지 너무나 익숙한 주류체제로 익숙해져 있다. 이 상황에서 공유경제가 실천적 경제규범으로 공감을 불러일으키는 데는 한계를 노출해온 것이 현실이다.

이로 인해 공유경제시스템이 국정 비전이나 경제정책으로 채택되어서 나라나 지자체의 일반적 보편적 주류정책학의 지위를 차지하기에는 요원해 보인다. 이런 상황에서 나온 이 책은 그동안 대안적 성격의 사회운동으로 간주되어온 공유경제의 경계를 허무는 구체적인 방안을 제시하고 있어서 호소력과 공감대가 크다.

책에서는 공유경제 성공의 요체를 일상생활과 현장 경험을 토대로 제시하고 있다. 독자로 하여금 공유경제의 성공확신과 실천의지를 북돋운다. 이를테면 탈원전 시대를 앞당겨야 한다는 주장을 옹호하면서 "나무를 심고, 물과 전기를 아끼며 쓰레기를 함부로 버리지 않아야 한다. 이러한 행위는 우리 자신의 존엄을 표현하는 사랑의 행위가 될 것이다."고 강조한다. 에너지를 아끼고 덜 쓰는 것은 문명인의 도리이며 세계시민의 필수 덕목으로, 구체적으로 실천되어야만 비로소 '탈원전' 정책이 앞당겨질 수 있다는데 방점을 찍고 있다. 오랫동안 현장 환경운동에 앞장서면서 빛과 그림자를 다 보아온 경륜의 통찰력이 돋보이는 대목이다.

본인이 몸담고 있는 '종교계가 공유경제의 산실이 되고 선도하여한다.'는 제안과 '이에 종교계가 미온적임에 비판적 시각을 감추지 않는' 대목이 나온다. 여기서는 낮은 곳에서 사람들과 소통하는 속에서 자기성찰의 경지에 오른 신부님만이 펼 수 있는 개혁적인 주장이다. 그 용기가 읽는 사람의 가슴을 쩡하게 한다.

"나는 '지역'에서 함께 뭐라도 재미있게 풀어나가야 한다는 것이 종교에 대한 나의 태도였다. 종교는 천국에다가 성당이나 절의 플랫폼을 짓는 것이 아니다. 오늘날의 종교는 지역이나 현장에서 경세제민해야 한다. 그런데 요즈음 교회마다 유행처럼 카페를 만들고 있다. 이러면 안 된다. … 교회마다 사회적기업이나 생협 매장을 하면 얼마나 좋을까?"

무엇보다, 공유경제의 토대인 사회적 기업에 대한 신부님의 강력한 구조조정 주장은 지금 당장 정책당국이 받아들여서 정책을 수정해야 할 대목이다. 그리고 덧붙인다.

"사회기업 육성이 너무 일자리창출에 집중되어 있기 때문에 정부의 지원이 중단되면 사회적기업은 지속가능하지 않다."는 지적을 한다. 그리고 사회적 기업에 대한 심사와 경영성과에 대한 엄격한 평가가 선행되어야 하며, "인증마크나 보조금 없이 스스로 자립하는 사회적기업이 진짜배기이다."는 진단은 현실을 제대로 파악한 실천가만이 할 수 있는 지적이며, 정책제언이다.